杉家の女たち
～吉田松陰の母と３人の妹～

鳥越一朗

杉家の女たち～吉田松陰の母と３人の妹～

目次

はじめに

吉田松陰といえば、松下村塾を主宰し、多くの尊攘志士を育てた、幕末の思想家・教育者として余りにも有名である。幼い頃から神童と呼ばれ、11歳にして藩主に兵学の講義をし、長じては大胆にも米艦での密航を企て、安政の大獄では自ら罪状を吐露して、29歳の若さで刑場の露と消えた潔い人生……。

そんなドラマチックな生き様ゆえ、彼の家族たちは良きにつけ悪しきにつけ、その大きな影響を受けずにはいられなかった。もちろん、女たちも例外ではない。松陰が生まれた杉家には、母・瀧、妹の千代、寿、文の4人の女性がいた。

当時は未だ封建社会。一般女性の肉声が歴史に残ることはほとんどない。松陰と同じ屋根の下に暮らしながら、彼女たちは何を思い、どんな行動をとったのか。彼女たちの生きた軌跡が辿れるなら、これまでとは違った角度から松陰とその時代が照射されるに違いない。本書は、杉家に籍を置いた女たちの、数奇な運命の物語である。

杉家系図

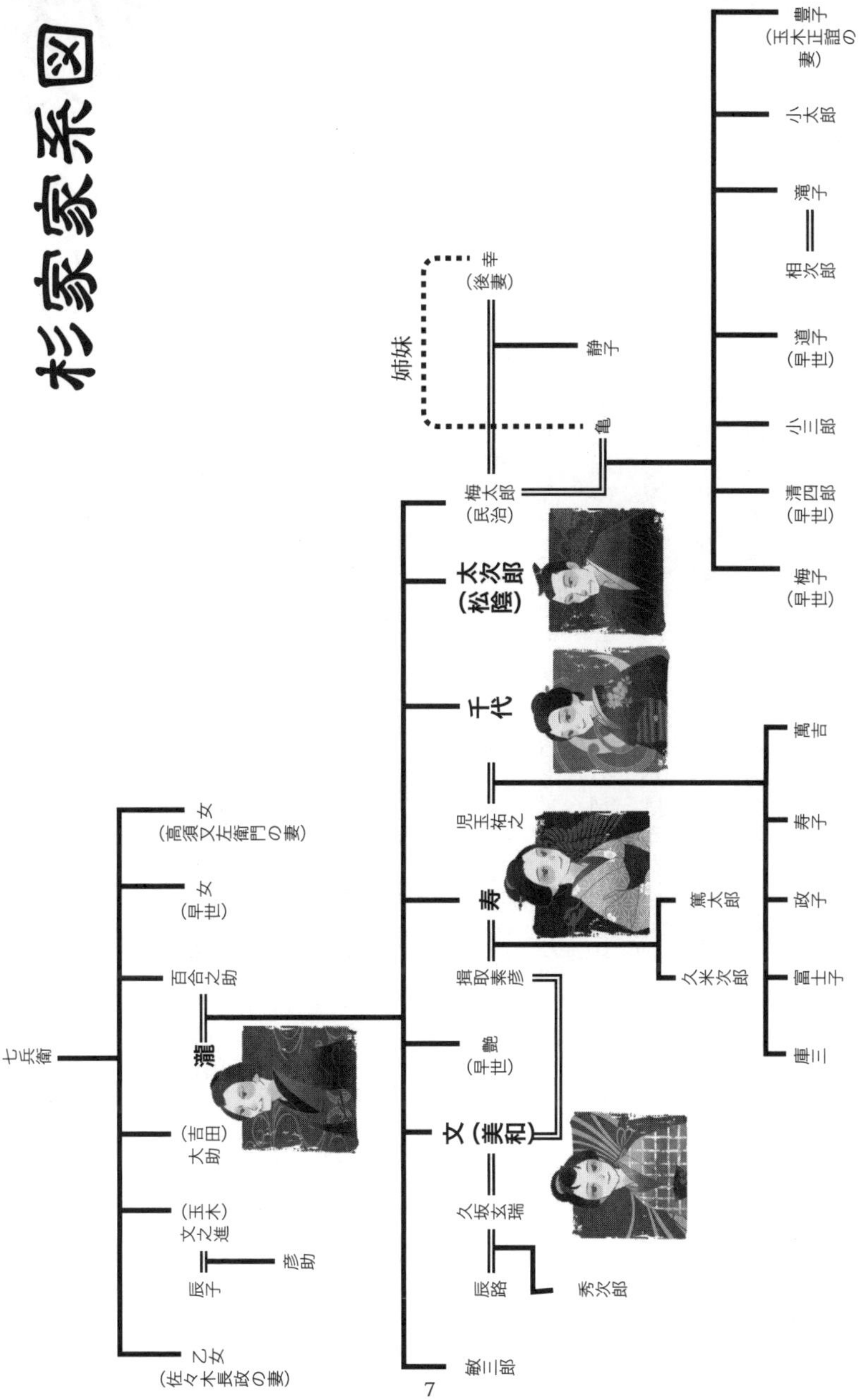

七兵衛
乙女（佐々木長政の妻）
辰子
彦助
（玉木）文之進
（吉田）大助
瀧
百合之助
女（早世）
女（高須又左衛門の妻）
敏三郎
辰路
秀次郎
久坂玄瑞
文（美和）
艶（早世）
楫取素彦
久米次郎
篤太郎
寿
児玉祐之
庫三
富士子
政子
寿子
萬吉
千代
太次郎（松陰）
梅太郎（民治）
亀
姉妹
静子
幸（後妻）
梅子（早世）
清四郎（早世）
小三郎
道子（早世）
相次郎
滝子
小太郎
豊子（玉木正誼の妻）

嫁入《よめい》り

持参金付き花嫁だった松陰の母・瀧

毛利志摩《しま》（熙徳《ひろのり》）の家臣・村田右中の三女・瀧《たき》が、長州藩士・杉百合之助《ゆりのすけ》の元に嫁いだのは、文政9年（1826）12月のことであった。新郎23歳、新婦21歳の若いカップルの誕生だった。

毛利志摩は、毛利元就《もとなり》の二男・吉川元春《きっかわもとはる》の流れを汲む名門に属し、阿川の領主であったが、萩城下の中津江古畑に別荘を持っていた。右中はその別荘番のような仕事を任されており、なかなかのしっかり者で、身分の割にはかなりの財をなしていた。

禄高わずか23石の杉家より、瀧の実家の方がはるかに裕福であったが、村田家は陪臣（家臣の家来）であり、杉家は貧しくとも毛利氏本藩の直属であった。右中にしてみれば、杉家の家格は魅力だったろうし、一方の杉家では、村田家の財力が頼もしく感じられたに違いない。もちろん、そんな打算だけでなく、右中が百合之助の実直な

嫁入り

性格を聞きつけ、これは将来に間違いはないと見立てて、娘の婿候補として目を付けたのだろう。

杉家は代々毛利氏に仕え、百合之助の祖父・文左衛門の時代から、阿武川が松本川と橋本川に分岐する一角の「川島の里」に住んでいた。この川島の里と瀧の実家の中津江古畑とは、松本川を挟んで、目と鼻の先にあり、そうした地理的な近さが両家をもともと親しくさせていたのかもしれない。

ところが、文化10年（1813）の春、川島の里一帯は未曾有の大火災に見舞われ、杉家は家屋も家財道具も皆灰燼《かいじん》に帰してしまった。以後、百合之助の父・七兵衛は、家族を連れて親戚の家などを転々とし、不自由な生活に苦労しながら、百合之助ら5人の子供たち（6人のうち1人は早世）を育てたのだった。

百合之助が瀧と結婚する前後に、売りに出ていた松本村団子岩にある山荘を購入し、ようやく一家は安住の地を確保した。この山荘は、俳人の八谷聴雨《やたがいちょうう》が別荘としていたもので、萩城下が一望でき、また周りは緑に恵まれ、花鳥風月に親しむにはもってこいの環境であった。江戸後期の代表的な女流俳人・一字庵菊舎《いちじあんきくしゃ》がここに聴雨を訪ねた時、次のような句を残している。

閑《しず》けさや　樹々にきかれよ　秋の雨

聴雨が名付けた「樹々亭」という山荘名を百合之助は気に入って、杉家のものとなって以降も、その名を継承した。

残念ながら百合之助の父・七兵衛は、積年の苦労がたたってか、一家が樹々亭に移る2年前に亡くなっていた。母・岸田氏は存命であったが、忠孝を何より重んじる百合之助にしてみれば、この新宅で父母揃って一緒に暮らし、これまでの恩に報いるため、思う存分親孝行をしたかったことだろう。もう少し長生きしてくれていたらと、悔やんでも悔やみきれなかったに違いない。

◇●□

さて、貧しいけれど家格に申し分はなく、本人は真面目、持ち家もあるこの縁談で、右中が一つ気にしたのは、杉家における家族構成のことであった。ことによっては、娘が苦労させられるのではないかと、案じられたのだ。

ある日右中は、嫁入り支度に余念のない瀧を呼んでこう諭した。

「瀧や、お前の嫁ぎ先のことで伝えておきたいことがある」

「何でしょうか」瀧は支度の手を止め、父の方へ向き直った。

「杉家は、代々毛利家に仕える士分であるから、家格としてはうちよりは上だ」

「はい。それは伺っております」

「ただな、士分とはいえ、杉家の禄高はわずか23石じゃ、実態は『半士半農』の生活を余儀なくされておる。こたびの杉家新宅購入の費用もうちが援助したところだ。お前は、いわば持参金付きの花嫁だから、本来なら大きな顔をしていればいいのだが、今と比べると暮らしぶりはどうしても悪くなるだろう。まず、そのことを覚悟せんといかん」

「はあ……」瀧は父親の言うことを神妙な顔で聞いた。

「それとな、家に体の弱い姑《しゅうとめ》がおる」

「長男のところへ嫁ぐ限りは、舅《しゅうと》・姑の面倒を見るぐらいは当然のことと心得ております」

「それがな、小舅《こじゅうと》もおる」

「姉さま、それとも妹さまですか？」

「いや、弟だ」

「まあ、義弟の1人ぐらいなら別に……」

「それが、2人おる」

「2人、ですか……」瀧はいささか気が重くなってきた。

「しかしな、百合之助は実直な男だ。大して出世はしないかもしれないが、身上をつぶすことはあるまい」

その言葉も喜んでいいのか悪いのか、瀧にはよく分からなかった。

「おまえも21じゃ。世間の相場からすれば『行き遅れ』の部類に入る。少々のことは辛抱せんとな。それに親のわしが言うのもなんだが、お前は頑丈で我慢強い体質に生んでやっておる。お前なら大丈夫だ」

これはもう、瀧にはほとんど根拠のない「勝手な励まし」にしか聞こえなかった。

当時、杉家では百合之助と母親の岸田氏のほか、百合之助の2人の弟も一緒に暮らしていた。上の弟・大助は、百合之助とは4つ違いで、6歳の時に、山鹿《やまが》流兵学の師範として代々毛利家に仕える吉田家の養子となっていた。下の弟・文之進は、これも親戚に当たる玉木家の養子に入り、百合之助とは6つ違いであった。

当時、武家の長男以外の男子は、適当な養子先に入らねば、仕官の道が閉ざされてしまったようである。運よく養子に入れた2人だが、どうした訳かいまだ実家に同居していたのであった。

じつは七兵衛夫妻には、3人の男子のほかに女子が3人いたが、1人は早世し、あとの2人は幸いなことに、瀧が嫁いだ時にはすでに結婚して家を出ていた。そのうちの１人は清水口の高洲又左衛門の元に嫁いでおり、のちに杉一家はこの高洲家に同居させてもらうことになる。

　とまれ、今の感覚からすれば、姑１人でも大変なのに、養子に行ったはずの男子が、幼児ならいざしらず、成人近くになっても、実家に居座り続けるのは迷惑千万な話だろう。プライバシーの保護は大丈夫なのか？と。

　瀧は、家格を吊り合わせるため、一旦杉家と同格の児玉太兵衛の養女となったうえで、百合之助に嫁いだ。当時はこうした形式的な措置がよくとられたようである。近しい家同士では、頻繁に婚姻・養子等の縁組が繰り返される傾向にあり、実際児玉家と杉家は、のちに直接親戚関係を結ぶことになる。

◇●□

　百合之助は、事前に聞いていた通りの、真面目で勤勉な男であった。毎朝早起きして清水を汲み、先祖の神霊に供えて礼拝し、次に西の萩城を望んで君公を拝し、さらに東方遥か天朝に向かって柏手を打った。もし、何かの都合で百合之助がこの儀式を行えない場合は、代わりに瀧がその役目を担うのだった。

　ただ、想像した以上に生活は貧しかった。禄高23石といっても、租税や寄付を差し

吉田松陰誕生地（樹々亭跡）〈山口県萩市椿東〉からの眺め

引けば、11、2石しか残らない。これで衣食住の一切を賄わなければならなかった。百合之助の日常といえば、2人の弟たちと野良に出て米、麦、豆、野菜などの栽培をし、山へ入っては柴や薪の材料を持ち帰る、というものであった。さすがに夜は書物を手離さなかったが、これじゃ半士半農どころか、一士九農ではないかと瀧は思った。もちろん、瀧は瀧で日がな一日、炊事、洗濯、風呂焚き、針仕事と息つく間もなく家事に勤しんだ。できるだけの努力をしているつもりだが、果たして百合之助が自分のことを嫁としてどう思っているのか、本人が何も言わないので瀧には窺い知れなかった。何せ日頃から、「話の種は尽きるが、書物は尽きぬ。話をする暇があったら読書をするがよい」などと口走る百合之助だったので、しみじみと夫婦の会話をすることなど全くなかったのだ。

結婚して数ヵ月が経った頃、夕食後に百合之助が瀧に珍しく話しかけてきた。でも、表情はいやに暗い。

「瀧や、嫁に来て以来仕事詰で苦労をかけるな」

「えっ、何ですか急に」

瀧はいきなり労いの言葉を掛けられ、うれしいより先にびっくりした。

「お前の実家は裕福だったゆえ、こんな貧乏生活には嫌気がさしてるんじゃないかと心配で」

「そんなことはありませんよ」

「ほんとうか？」百合之助の表情に少し光が差したようだった。

「ほんとうですとも。私の方こそ妻としての務めが果たせているか、気掛かりで」

「何を申す。お前はよくやってくれておる。申し分のない嫁だ」

それはそうでしょうよ、と瀧は心の中でつぶやいた。

「実を言うと、わしはお前がいつ実家に帰ると言い出すか、気が気ではなかったのだ。文之進などは、ひと月は持つまいなどと申すし」

文之進め、見くびったなと思いつつ、瀧はさらにリップサービスのつもりで、

「あなたこそ、昼間の仕事でお疲れになっているのに、毎晩勉学に励まれて」と持ち上げると、百合之助はさもうれしそうにこう返答した。

「杉家の家風は勉学にある。それを理解してくれるお前は最高の嫁だ！」

瀧は少々複雑な心境だった。自分が気に入られているのはありがたかったが、できれば、「勉学に努めていずれしかるべき役職に就き、お前を楽にさせてやるからな」ぐらいのことは言ってほしかった。しかし、それを百合之助に期待するのは、きっと「木に縁《よ》りて魚を求む」ようなものなのだろう。

ちょうどその時、縁側から、萩城下の街並みと三角形に飛び出した指月山が、夕日に照らされ茜色《あかね》に輝いて見えた。その一幅の絵画のような風景に、

「まあー、きれいなこと」と瀧は思わずつぶやいていた。

「ほんとにな、さすが聴雨が絶賛しただけのことはある」

以前、杉家はよくあんな不便な山中に家を買ったものよな、という周囲の陰口を耳にし、瀧も初めのうちはほんとにそうだと、密かに共感したものだが、この光景を目にするようになってからは、まんざら悪い所ではないと思い直すようになった。

◇●□

ともあれ、百合之助と瀧は、貧しいながらも仲睦ましい夫婦生活を送った。プライバシーに関しても、案ずるより何とかで、瀧は続けざまに妊娠、出産を繰り返した。文政11年（1828）1月15日に長男・梅太郎《うめたろう》が、天保元年（1830）8月4日に二男・虎之助《とらのすけ》が、天保3年（1832）には長女・千代《ちよ》が誕生。瀧の父・村田右中の心配は杞憂に過ぎなかったのである。

そして、二男・虎之助こそが、のちの勤王思想家・吉田松陰《しょういん》である。虎之助という名は、庚寅《かのえとら》の生年にちなんだものであった。さて、2男1女に恵まれいよいよ育児・

教育に手を取られるようになった矢先、瀧にとってとんでもない事態が発生する。

「瀧、お前に相談があるのだが」

ある日の夕方、百合之助が声をかけて来た。こう言う時の百合之助は、決まって難題を持ち出すことを、瀧はそれまでの彼との結婚生活を通じて知っていた。

「何でございましょう」

「母様の妹が、連れ合いを亡くしたうえ、病にふせっておられるようで、母様ができれば面倒を見てやってくれないかと申されてな」

この時、じつは百合之助の母・岸田氏も、脳卒中を患い不自由な体になっていた。しかし、瀧はすぐにこう言って返した。

「それはお気の毒な。義母様の妹とあらば、私にとっても義理の叔母、見て見ぬふりはできますまい」

「そうか。面倒を見てやってくれるか。さすが瀧じゃ。ただな……」

「ただ、何ですか？」

「じつは、叔母には舅がおってな」

「えっ」絶句しながら、瀧は3人の老人の世話がどのようなものとなるか、頭の中で計算していた。その時、追い打ちをかけるように百合之助の声がした。

「すまん。驚くにはまだ早い。それに、その、息子も1人おるんじゃ」

一瞬、瀧は意識が遠のいて行くのを感じた。が、すぐに我に返り、

「じゃ、3人まとめて預かれと？　あなた、この家の間取りというものを考えたことがおありですか」と思わず百合之助に詰め寄った。

「狭いのは分かっておる」

「というか、物理的に無理というものです」

「そこを何とか」

「もう知りません」

そうキレてはみたものの、結局瀧は3人を引き取り、その面倒を見ざるを得なかったのだった。

これで、杉家は家族11人の大所帯となった。樹々亭は八谷聴雨の別荘だったものだが、八谷自身、大身《たいしん》の侍ではなかったので、別荘とは言っても、松木柱に茅《かや》を葺《ふ》いた程度の粗末な造りだった。間取りも、玄関（3畳）、表座敷（6畳）、隠居部屋（3畳）、居間（6畳）と、あとは台所、物置小屋、厩舎《きゅうしゃ》であった。11人が生活するのに決して広くはない。否、今の感覚からすると圧倒的に狭い。

しかし、もともと情に篤く働き者の瀧は、老人の世話はもとより、夫や小舅の面倒、

子供の教育まで、万端滞りなくやり遂げるのである。瀧は自分でもよくやるなぁと思った。嫁ぐ前に父の右中が太鼓判を押した、「頑丈で我慢強い体質」ははしなくも本当だったと、瀧は苦笑いするのだった。そんな瀧の働きぶりに、姑の岸田氏は手を合わせ、涙を流して感謝したという。

神童《しんどう》

「勉強オタク」の松陰を案じる瀧

瀧が杉家へ嫁いで9年目の天保6年（1835）4月3日、百合之助の上の弟・吉田大助が29歳の若さで病没した。これが後年、杉家の運命を変えることになる。大助は前年から体調を崩していた。代々山鹿流兵学師範を担う吉田家としては、当主・大助に万一のことがあれば、すぐに後継者を探さなければならない。

大助は、性剛直で大志を抱き、兄弟中誰よりも学問が進んでいた、と言われる。その穴を埋めるためには、それ相応の人材が求められたであろう。そこで白羽の矢が立ったのが、百合之助の二男・虎之助（松陰）であった。

とはいえ、人材も何も、虎之助は当時まだ6歳の幼児である。おそらくは、虎之助の将来性を目ざとく見抜いた大助が、病の床から敢えて虎之助を指名したのだろう。大助は、兵学家が経学を修めず、旧習を伝えるだけなのに不満を抱き、また、皇室の式微《しきび》を嘆き、幕府の専横《せんおう》を憤っていたというから、その後継者として結果的には虎之助は打ってつけであった。

養子の話が持ち上がった時、瀧は、それまでから虎之助は二男ゆえいずれ養子に出さねばならぬと心得ていたし、吉田家は杉家と過去に何度か縁組をしており、何よりも禄高が57石と杉家の倍以上もあったので、特に異存はなかった。もっとも、この養子縁組が、虎之助をのちに幕末を揺るがす大思想家に育て上げようとは、この時点ではもちろん知る由もなかった。

虎之助は大助が死んで2ヵ月後、正式に吉田家の家督を継いだ。その際、名を虎之助から大次郎に改めたが、これは先代・吉田大助の一字を取ったものとされる。吉田家の当主にはなったが、彼もまた、叔父たちがそうであったように、これまでどおり、実家で実父母とともに生活し、教育指導については叔父の玉木文之進が当たることになった。

文之進は早くから文武両道を修め、謹厳さは2人の兄以上であったと言われる。玉木家もこれまでに吉田家、杉家と縁組があり、そうしたことから山鹿流兵学は三家へと伝わり、文之進も自ずとマスターしていたのだろう。

瀧は、無学な身としては当然のことだが、それまで山鹿流兵学についてほとんど知識を持ち合わせていなかった。大助の存命中に彼から聞くこともなかった。しかし、息子が今後担うことになる学問について、気にならないはずはなかった。

そんなある日、瀧は文之進が大次郎（松陰）に諭しているのを聞いた。

「大次郎、よく聞け。お前が背負《しょ》って立つ山鹿流兵学とは、江戸初期の儒学者・山鹿素行《そこう》が完成させた兵学で、合戦時の戦術だけでなく、平時における武士のあり方をも定めたものだ。会津生まれの素行は、幼くして江戸に出、大御所・林羅山《らざん》に朱子学を学び、他にも軍学、神道など様々な学問を身につけ、それらを山鹿流兵学として結実させたのだ。だから、お前もこれからたくさんの書物を読まねばならん」

こんな説明、6歳の幼児に分かる訳がない、と瀧が思っていると、寅次郎がふと、

「山鹿流陣太鼓、ドオン、ドンドンドン……」と口にした。

「おう、さすが大次郎、山鹿流陣太鼓を思い起こしたか。実はな、素行は山鹿流兵学を打ち立てたあと、禅や道教に近づき、朱子学を否定したことから、播磨国赤穂にお預けの身となった。そこで赤穂藩士らの教育を受け持つことになったが、その時の門弟にあの大石内蔵助《くらのすけ》がいた。赤穂四十七士の討ち入りの際、山鹿流陣太鼓が打ち鳴らされるのは、大次郎も知ってのとおりだ。実際にはそんな名の太鼓は無いのだが、赤穂に縁のあった山鹿流兵学にちなんで、物語の中で創作されたのだろう。ともあれ、

旧主・浅野内匠頭《たくみのかみ》の仇・吉良上野介《こうずのすけ》を命を賭して討ち取った赤穂浪士たちは、山鹿流兵学にとっても正に誇りなのだ」

文之進の解説に、瀧は「ふーん」と心の中で納得したが、大次郎は構わず「ドオン、ドンドンドン、ドオン、ドンドンドン」と唸り続けている。文之進が立ち去ったあとも、それは容易に止まらず、瀧が近寄って、大次郎、分かったからもう止めなさい、と制止しても、彼はさらに声を張り上げ、しまいには立ち上がり、撥《ばち》を持ったように右手を激しく動かしながら、部屋の中をぐるぐる回り出したのだった。

「ドオン、ドンドンドン、ドオン、ドンドンドン、ドオン、ドンドンドン……」

その子供らしいのか異様なのかよく分からない挙動を、瀧はもはやお手上げといった気持ちで見守ったが、あとから思うと、大次郎は小さな身には耐えがたい重荷に立ち向うため、彼なりのやり方で気合いを入れていたのかもしれない。

◇ ● □

文之進の指導方法は典型的なスパルタ式だった。百合之助も教育に関しては熱心で、梅太郎と大次郎（松陰）を山仕事に一緒に連れてゆき、作業の合間に、中国の儒教の経典である四書五経《ししょごきょう》などを暗唱させていた。四書とは『大学』『論語』『中庸』『孟子』、五経とは『易経』『書経』『詩経』『礼記』『春秋』をいう。しかし、文之進の教え方は、それとは比較にならないぐらい厳しいものであった。

ある時など、大次郎が読んでいた本から目をそらすと、文之進は大次郎の襟をつかみ、縁側から庭に突き落してしまった。今なら幼児虐待で訴えられかねない行為である。確かに大次郎は吉田家の当主として、山鹿流兵学の師範というお役目を果たさねばならない身、マスターすべき学問は膨大なものがあったろう。

しかし、大次郎はまだ6歳である。何もそこまでしなくても、という思いが瀧にはあった。自分が痛めつけられるのは我慢できても、我が子が手を掛けられるのを座視するのは、やはり忍びなかった。実の父親の躾《しつけ》ならともかく、相手は叔父。そもそも、自分の養子先でもない吉田家のために、文之進が何故これほどまで心血を注ぐのか瀧には理解しづらかった。

瀧は思い余って百合之助に相談したことがある。

「文之進さんの指導は、ちょっと、幼い大次郎には厳しすぎませんか？」

「文之進は、杉家からの養子として恥ずかしくないように、大次郎をしっかりと教育してくれているのだ。そこは分かってやれ」

「でも、小さい子を拳固《げんこ》で殴るのはどうかと」

瀧がそう言うと、さすがに百合之助も眉をひそめるが。

「そうか、ではこれからは、せめて平手打ちにするよう言っておこう」

「そ、そういう問題じゃなくて」

瀧は百合之助に相談したことを後悔し始めていた。

「瀧よ、文之進はな、大次郎の資質を高く評価しておるんじゃ。ひょっとしたらものになるんじゃないかと」

「評価って、どんなところをです？」

「記憶力、理解力ともに、梅太郎に比べても優れておると。それに、きつく叱っても人のせいにせず、自分のどこがいけなかったかを考える自省心が備わっておると。この分だと、早々に兵学師範のお役目が果たせるかもしれん」

「でも、それって子供としてはどうなんですかね。子供はもう少し子供らしくあったほうが、いいんじゃないかと思うんですけど」と瀧は反論したが、百合之助はほとんど取り合ってはくれなかった。

瀧は、大次郎に対しても歯がゆい思いを抱いていた。文之進の体罰を受けそうになった時、「危ない、逃げろ、大次郎！」と心の中で叫ぶのだが、大次郎は決して身をそらすことなく、なされるままだったのだ。

吉田松陰産湯の井跡（樹々亭跡）〈山口県萩市椿東〉

なんと要領の悪い子だろう。もともと大人しくて手のかからない子ではあった。しかし、大人の言うがままに、子供らしい遊びもせずひたすら勉学に励む姿は、何処か将来に不安を感じさせるものであった。

瀧は大次郎に直接聞いてみたことがある。

「大次郎、いつも勉強ばかりで大変だねえ」

「いえ、1日も早く兵学師範になるための修業ですから」

この1年間の教育指導で、大次郎の受け応えはすっかり大人びていた。

「どんな書物を読んでるの？」

「文政十年の御布令とか、会沢《あいざわ》正志斎《せいしさい》の新論や頼山陽《らいさんよう》の日本外史、楠公墓下之詩などです」

「難しそうですね。母にはちんぷんかんぷんですよ。でも、たまには他の子供たちと、コマ回しをしたり、木登りをしたりして遊んだらどうかね」

「母様、僕にはまだまだ読まねばならない書物が山ほどあるんですよ。遊んでいる暇はありません。でも、書物を読むのは大好きなので、まったく苦にはなりません。だから母様、心配なさらないでください」

瀧は、まじまじと息子の顔を見ながら思った。この子はほんとに勉強するのが心底好きなのかもしれない。自分などには理解できない、杉家のそうした血を引き継いでいるのだろうと。

◇●□

杉家の伝統的家風は、百合之助が言うように質素勤勉と読書好学にあった。百合之助の父・七兵衛も三度の食事より読書が好きで、10年余り江戸で勤務したことがあったが、その間も給金のほとんどを書物に代えてしまうほどであったという。

江戸から帰国した際、七兵衛は百合之助によく家事を手伝った褒美として『論語集注』ほかの書籍を与えたが、百合之助はのちに「この時ほどうれしかったことはない」と述懐するほど喜んで、それらを長く座右に備え勉学したというから、親が親なら子も子だと、その話を聞いた時、瀧はあきれたものである。

ともあれ、自分の家系にこんな「勉強の虫」の血は流れていないと、瀧は確信したのだが、ふと瀧の頭にある人物の顔が浮かんだ。瀧の、11歳年上の兄・昌筠《しょういん》（竹院）である。昌筠も子供の頃から学問好きだったと両親から聞かされていた。昌筠は萩の徳隣寺で剃髪し、瀧が物心つく頃には家を飛び出しており、京都の南禅寺で修業したあと、今は鎌倉瑞泉寺の住職になっていた。「鎌倉の禅風を興した」と評される無頼派であった。

ひょっとしたら、大次郎（松陰）は兄の血を引いているのだろうか。そんな疑念を、瀧は慌てて否定した。まさか、あんな鉄砲玉みたいな人間にはなるまいと、信じたかったのである。

天保8年（1837）、28歳になった文之進は嫁をもらった。新婦は、のちに松下村塾の塾生となる国司《くにし》仙吉《せんきち》の叔母で、辰子《たつこ》という16歳の娘だった。自分にも他人にも厳しい文之進によく嫁の来手があったなと瀧は感心したが、これで文之進が杉家を出れば、家の中のスペースに少しゆとりができると喜んだ。

が、あにはからんや、新婚の2人は杉家で同居することになり、逆に家族が1人増えてしまったのであった。

また、結婚を契機に、文之進の態度も少しは丸くなるのでは、という期待もあえなく裏切られ、大次郎に対する厳しい指導は従前のままであった。文之進と辰子が杉家を出るのは、結婚後1年ほど経ってからである。2人は樹々亭下方の仮宅に転居し、梅太郎と大次郎は、そこへ毎日勉学に通うようになった。

瀧の心配をよそに、大次郎はその後も文之進の「しごき」によく耐え、兵学師範として必要な知識と技術を着実に身につけていった。文之進の見立てに間違いはなかったようで、大次郎は8歳で藩校・明倫館の教授見習いとなり、9歳からは実際に講義を受け持つに至る。そして、11歳の時にはなんと藩主・毛利敬親《たかちか》の前で、山鹿流兵学の教本『武教全書』を講義するまでになったのだった。

藩主御前講義が決まった時、杉家は盆と正月が一緒に来たような騒ぎとなった。「大次郎はすごい、正に神童だ」。顔を合わす親戚縁者は、おしなべてそう言って褒め称えた。瀧は、若干の不安を残しながらも、大次郎はやはり普通の子とは違うのだ、周りが言うように神童なのだ、と思うことにした。

毛利家《もうりけ》

松陰の才能を見抜いた？「そうせい侯」

大次郎（松陰）が、11歳にして講義を行った毛利敬親は、第13代長州藩主であった。杉家では毎年数回、毛利氏の祖先が祀られる仰徳社や、歴代藩主の墓がある東光寺へ参拝するのが恒例となっていた。

その際百合之助は、前夜から心構えをして参詣着や所持品の一切を取り揃え、当日は夜明け前に起きて沐浴斎戒《もくよくさいかい》し、心身を清めた。そして、参詣の途中に人に会っても言葉を交わさない。交わせばそれで身が穢《けが》れるという潔癖さだった。最初瀧は、何もそこまで、という気がしたが、今ではこの日ばかりは、彼女も自然と敬虔《けいけん》な気持ちに導かれるのだった。

毛利氏は、鎌倉時代の名臣・大江季光《すえみつ》を祖とする一族で、南北朝時代までに相模国（神奈川県）から、越後国（新潟県）を経て安芸国（広島県）に移り、16世紀に現れた元《もと》就《なり》の時、中国地方全域にまでその領土を広げた。元就は「戦国最高の知将」の異名をとる名君で、「三本の矢」の逸話でも有名である。杉家の3兄弟は、百合之助から折に触れ何度もこの話を聞かされた。

元就が臨終の枕元に長男・隆元《たかもと》、二男・元治《もとはる》、三男・隆景《たかかげ》を呼び、1本の矢は折れても、3本束ねれば折れないことを示し、兄弟が一致協力してお家を守るよう言い残したと伝えられる。その後、元治は吉川《きっかわ》家を継ぎ、隆景は小早川《こばやかわ》家を継いで、元就の遺言どおり「毛利の両川《りょうせん》」として、早世した隆元の嫡男・輝元《てるもと》を支えてゆく。その結果毛利家は、120万石まで所領を増やしたのだった。

この逸話にひっかけて、百合之助は「お前たちも力を合わせて杉家を盛り立てるのだぞ」と付け加えるのを忘れなかった。瀧は瀧で、村田の爺様は、両川の一人・吉川元春の流れを汲む毛利志摩様にお仕えなさったのですよ、と実家の自慢話を付け足したものである。

◇●□

さて、続く毛利家の歴史を話す段になると、百合之助の声は一層熱を帯びてくる。関ヶ原の合戦の時、西軍の総大将となった毛利輝元は、吉川広家《ひろいえ》（元治の三男）、小早川秀秋《ひであき》（隆景の養子）とともに東軍に挑みかかるが、あろうことか、広家が家康に内通、秀秋は東軍に寝返って、西軍の敗北が決定づけられた。その結果、毛利氏はお家断絶こそ免れたものの、防長（周防《すおう》と長門《ながと》）2カ国37万石に減封されてしまう。

「言ってみれば、毛利は徳川の裏取引に騙《だま》されたのである！」

ここで百合之助は無念やるかたない口吻《こうふん》となる。実際、こうした徳川家への恨みが、関ヶ原から二百数十年ののち、長州藩の討幕のエネルギーになったという説もあるぐらいである。

以後、我が藩は血の滲《にじ》むような努力を重ね……と百合之助の話は続くのだが、ある時、一番幼い千代がそこで口を挟んだことがあった。

「ねえ父様、毛利の人たちは、関ヶ原の合戦の時、なんで『三本の矢』の話を思い出さなかったのかしらね。そしたら西軍は勝てたかもしれないのに」

「そ、それは、そうだったかもしれんが……」と口ごもる百合之助の姿に、横で座って縫物をしていた瀧は、思わず吹き出しそうになった。

しかし、江戸時代に入って、長州藩が大変な苦労をしたのは事実だった。輝元は萩に本藩を置き（交通の便の良い山陽道側に藩庁を置くことを幕府は許さなかったという)、岩国藩、徳山藩、長府藩、清末藩という4支藩を設けて、藩体制を整えるが、何せ大幅な減封だから、藩の台所はいつも火の車だった。

財政難は百年以上も続き、宝暦9年(1759)になって、7代藩主・重就《しげたか》がようやく大胆な財政改革に着手する。検地などを行い、その増収分で撫育方《ぶいくかた》という特別会計をつくり、新田開発や新港を建設していくための資金源としたのだ。

そして天保9年(1838)、13代藩主・敬親《たかちか》が村田清風《せいふう》を登用すると、村田は財政・行政・教育・軍事などの改革を行い、越荷方《こしにかた》という藩営の商社を拡充して、藩債、すなわち藩の借金をすっかり返してしまった。こうした施策が、長州藩を雄藩へと押し上げていくのだ。

清風の改革思想は周布政之助《すふまさのすけ》らに引き継がれ、清風の政敵・坪井九右衛門《くえもん》や、その後継者である椋梨藤太《むくなしとうた》らと、財政問題に留まらず藩の方針を巡って、主導権争いを繰り返すことになる。周布ら改革勢力は「正義派」、坪井・椋梨ら保守勢力は「俗論派」と呼ばれ、後年、吉田松陰とその一門は、もっぱら正義派に属したのだった。

藩論が両者の間をたびたび行き来したのは、「そうせい侯」と揶揄《やゆ》された敬親に原因があったと言われる。敬親は両陣営から上奏があるたび、無思慮に「うん、そうせい」と認めたからだというのだが、逆に家臣の話をよく聞き、冷静な判断のできる名

東光寺　長州藩主・毛利家墓所〈山口県萩市椿東〉

君であったとの説もある。

◇　●　□

大次郎（松陰）が最初に敬親に講義した時、敬親は21歳になっていた。しかし敬親は、10歳も年下の師範の話に素直に耳を傾け、その内容を絶賛したのである。「大次郎の話は、面白うて思わず膝を乗り出してしまう」と。

講義のあと「そなたの師範はいったいどなたか？」と敬親が問うと、大次郎は胸を張り堂々と、

「それは玉木文之進なり」と答えたという。まだ年少の大次郎には、叔父・文之進のほか、林真人《まひと》、林百非《ひゃくひ》ら10人の後見人がついていたが、大次郎が1人名をあげたのは文之進であった。

瀧は、我が子が畏れ多くも藩主様からお褒めの言葉をいただいたと聞き、何か夢の中の出来事のような気がした。何度も何度も大次郎の頭を撫でてやりたかった。そして、今度ばかりは文之進に頭を下げたい気持ちだった。よくぞ、ここまで御指導くださったと。

しかし、冷静になって考えてみると、いくら兵学師範の家督を継いでいるとはいえ、

やはり11歳の少年が、天下の藩主に講義するというのは、常識外れのことのように思われた。

「藩主様は、よく時間を割《さ》いて大次郎の講義を聞いてくださったものですね。普通偉いお方は、年下の者の言うことなんか、聞かないじゃありませんか」

瀧が正直に百合之助に問うてみると、彼はさもうれしそうにこう答えた。

「そこが、今の藩主様の度量のお広いところなのじゃ。身分が高かろうか低かろうが、大人であろうが、子供であろうが、内容のある話には、必ず耳を傾けてくださる」

「そうなのですね。それだけでも有り難いのに、お褒めの御言葉まで頂戴して、本当にもったいないことです」

「藩主様はな瀧、その、大体は褒められるんじゃや」

「えっ？　誰かれなく、ですか？」

大次郎は特別だと思っていた瀧は、拍子抜けした。

「いや、儒者の講義はありきたりでつまらんとおっしゃられて、居眠りされることが多いが、起きて聴かれる時は、どんなつまらん話でも、いいところを見つけて褒めてくださる」

「間違いを正されたりすることは無いのですか？」

「あまりというか、ほとんどない。だがな、人の揚げ足を取ることばかり考えとる輩が多い中で、これは誠に稀有なことと言わねばならん」

それって、批判精神が無いってことでしょ。藩主の資質としてはどうなんだろう、と瀧は一瞬思ったが、

「だから、皆から慕われるんじゃや」と百合之助が納得気に言うので、それ以上言葉を差し挟まなかった。

仲良《なかよ》し兄妹《きょうだい》

長女・千代が抱いた疎外感

杉家の3人の子供たちは、たいへん仲の良い兄弟だった。長女・千代は物心つく前から、4つ違いの長兄・梅太郎、2つ違いの次兄・大次郎（松陰）と、庭の隅で椎《しい》の実を拾ったり、裏の山へ松茸を採りに行ったり、いつも一緒に遊んでいた（樹々亭は山の中腹にあって、近所に子供のいる住宅がなかったから、兄弟同士で遊ぶしかない面もあったかもしれない）。

しかし、男の子と女の子は成長に伴って行動様式が異なってくる。千代も、徐々に2人の兄との生活に違和感を抱き始めた。というか、梅太郎と大次郎は、妹から見ても異常に仲が良かった。共に読み書きするのはいいとしても、食事は1つの箱膳で、頭を突き合わせ、1つの椀の飯を分けて食い、一皿の菜をともに味わった。そして、夜は同じ布団で眠るのである。

千代は2人の間に割って入れないものを感じていた。また父・百合之助は、3人の子供たちを山仕事や野良仕事に連れて行き、作業を手伝わせたが、その合間に兄2人には「四書五経」などの経書を暗唱させた。しかし、女の千代には、そうした教育はなされなかった。

大次郎が吉田家の養子になってからは、叔父・文之進による厳しい指導が、大次郎と梅太郎に対して行われたが、千代は当然のごとくその対象から外れていた。千代はだんだんと疎外感を覚えるようになった。そして、自分が兄2人に仲間外れにされるのは、文之進のせいだと思い込んだのである。

ある日のこと。梅太郎と大次郎が、いつものように玄関の三畳間で、文之進と机を挟んで向かい合わせに座り、勉強に励んでいた。とその時、1匹の蚊がブーンと飛んできて大次郎の頬《ほほ》に止まった。大次郎は無意識のうちに、蚊を手で払いのけようとする。とその時、

「公私を混同するとは、なんたることぞ！」

文之進の雷が落ちた。

「そんなことで、兵学の師範が務まると思うのか」

文之進が大次郎に体罰の手を出そうとした瞬間、千代は自分でも驚くような行動に

出た。文之進の背中めがけて飛びかかったのである。

「大兄（松陰）をいじめないで！」

文之進は驚いて背中に纏《まと》わりつくものを振りほどき、その原因が千代だと分かると、

「何だ千代か」と言って、困惑した表情を浮かべた。と、大次郎が声を上げる。

「千代、何をする。勉強の邪魔だ。叔父さんに謝れ！」

その剣幕に今度は千代のほうがびっくりした。そして、がっかりした。折角大兄を助けようと思って、勇気を振り絞ったのに、人の気も知らないで……。

「大兄のバカ！」千代は涙声でそう叫ぶと、部屋を飛び出していった。

◇●□

その日の夕方、千代が居間の隅で独り拗《す》ねていると、いつの間にか梅太郎がそばに立っていてこう言った。

「千代、いい加減に機嫌を直せ。叔父さんは、けっして大次郎が憎くて、怒っている訳じゃないんだ」

「でも、顔に止まった蚊を払ったぐらいで、どうして殴らなきゃいけないの？」

「それはな、お前には理解できんかもしれんが、私や大次郎が日夜学問に励んでいる

のは、将来毛利の殿様や我が長州藩、いやもっと言えば日本国に役立てるためなんだ。すなわち『公』のことだ。顔に虫が止まって痒《かゆ》いというのは『私』のことだから、学問をしている最中に、虫を払うのは『公私混同』ということになるので、叔父さんは厳しく叱責されたのだよ」

梅太郎の説明はまどろっこしくて、千代にはほとんど理解不能だった。

「叔父さんの教育方針を、大次郎もよく分かっている。だから、逆にお前のことを叱ったんだ。でもな、大次郎は、お前が大次郎のことを思ってああいうことをしたのだということも十分承知しているぞ。それだけは、分かってやってくれ」

梅太郎の話を聞くうち、千代はだんだんと悲しくなってきた。

「梅兄、千代も梅兄や大兄と一緒に勉強がしたい」

「そうか。確かにお前は利口な子だ。でもお前は女だからな」

「女だとどうしてダメなの？」

「女には家を守り、子供を育てるという大切な仕事がある。それをしっかりとやることだ」

そう梅太郎は諭したが、千代には釈然としない思いが残った。それからほどなくして、千代は瀧に頼み事をした。

「母様、ひとつお願いがあるんだけど」

「何だい？　千代が頼み事とは珍しいねえ」

「わたし、妹がほしい」

千代は2人の兄に対する疎外感から、女の兄弟を求めたのだった。妹がいれば、いつも一緒に遊べるに違いないと。

瀧は、千代の頼み事がよほど意外だったのだろう、家事の手を止めて、まじまじと娘の顔を見た。が、やがて目をそらすと、

「そればっかりは、神様の授かりものだからねえ」と受け流すようにつぶやいた。

この頃、杉家はまだ大所帯で、しかも老人、病人もいたから、家を切り盛りする瀧の苦労は大変なものだった。とても、新たに子供を作れるような状況ではなかったのだろう。

◇
●
□

ところが天保10年（1839）、千代の願いを瀧と百合之助が聞いてくれたのか、それとも文之進が妻・辰子とともに家を出て、少しは生活にゆとりができたせいか、杉家に女子が誕生した。二女・寿《ひさ》である。

玉木文之進旧宅（松下村塾発祥地）〈山口県萩市椿東〉

この時、千代は7歳になっていたから、杉家にとっては正に7年ぶりに授かった子供であった。妹を得た千代は、うれしくてうれしくて仕方がなかった。座敷の布団の上に寝かされた寿の愛くるしい顔を、時間も忘れて日がな眺めた。眺めながら、千代は祈った。1日も早く大きくなれと。そうすれば四六時中遊んであげるからと。しかし悲しいかな、人の子の成長には時間がかかるのである。

ある日のこと、千代が遊びに行くため家を出ようとした時、瀧に呼び止められた。

「千代、ちょっと来なさい」

「何？　母様」千代が瀧のそばまで来ると、

「ちょっと背中をお向き」と言うので、そのとおりにすると、いきなり何かを負ぶわされた。振り向くと熟睡している寿がいる。瀧はその上から「おんぶ紐」をかぶせ、その紐の部分を千代の胸のところで交差させ、また後ろに回して腰の上で結び付けた。

「はい、出来上がり！」

「母様、これってどういうこと？」

「気にすることはないよ。さあ、何処へでも遊びにお行き」

「……」

この時以来、千代は、遊ぶ時も用事をする時も、いつも寿を背中に背負わなければならなくなった。人形を背負っている訳ではないので、時にむずかったり泣いたりする。そんな時は、たとえ鬼ごっこの最中であっても途中で止めて、取りあえずは彼女をあやすことに専念しなければならなかった。

千代は、妹がほしいなんて言わなければよかったと後悔したが、後の祭りだった。でも、寿が大泣きしたあと、ふと笑顔を見せたりすると、たまらなく可愛く思えたりするのは、やはり姉妹愛と言っていいものだったかもしれない。

寿が生まれた翌年、大次郎（松陰）は藩主の前で講義を行い、萩始まって以来の秀才、と回りから褒め称えられ、杉家はお祭りムードになった。千代にとっても喜ばしいことには違いなかったが、大次郎がますます遠い存在になっていくような気がして、一抹の寂しさを感じたことは否めなかった。神童などと呼ばれるより、これまで通りただの優しい大兄で居続けてくれるほうが、千代にとってははるかに望ましかった。

逆に「千代ちゃんも、将来は大次郎さんの妹として恥じないような良妻賢母にならないとね」などと声を掛けられると、無性に腹立たしかった。大きなお世話だと言いたかった。

その翌年、杉家に吉事が起きる。千代に再び妹ができたのだ。杉家の三女・艶《つや》である。千代は、えっ、もう妹がほしいなんて頼んでいないのに、と意外に思ったが、百合之助と瀧が再び子づくりモードに入ったという事実に、千代はもちろんまだ気づいていなかった。

ところで、この年には文之進と辰子の間にも長男・彦助が生まれている。跡取りを得た文之進は、さらに気力が充実したのだろう、翌天保13年（1842）、自宅において私塾を開く。これが、のちに「吉田松陰」とともに歴史に名を残す「松下村塾《しょうかそんじゅく》」だ。以後、梅太郎と大次郎は、この文之進が主宰する松下村塾に通って勉学に励んだ。

一方千代はといえば、寿に加えて艶の子守まで任される破目に陥ったのである。

父《ちち》と娘《むすめ》

百合之助と千代の２人暮らし

千代が13歳になった天保14年（１８４３）、父・百合之助は、村田清風の推挙で百人中間頭兼盗賊改方に任ぜられた。盗賊改方とは、今の警察署長のような役職である。清風は大次郎（松陰）の才能を高く買っていたから、その父親である百合之助にも相応のポストを用意すべきと考えたのかもしれない。

ともあれ、職務上の規定により、百合之助は萩城下に住まねばならなかった。江《え》向《むかい》の片野又兵衛の宅表が借りられることになったが、家族まるごと転居することは仮託の間取りの都合上不可能であった。しかし、単身赴任という訳にはいかない。百合之助の身の回りの世話をする女手がどうしても必要であった。

本来なら瀧が同行すればいいのだが、老人や幼子を置いてはいけない。仕方なく瀧は千代を呼んでこう言った。

「千代や、このたび父様は百人中間頭兼盗賊改方に御栄転になられた」

「それは、おめでとうございます」

　舌をかみそうな役職名を聞いて、千代は初めなんじゃそりゃと思ったが、栄転ならば少しは給与も上がるだろうし、杉家にとっては取りあえず喜ばしいことには違いなかった。

　瀧は続けて言った。

「しかしな、父様はお役目の都合上、お城の近くに住まねばならなくなった。母はバサマや寿、艶の世話があるから、千代、お前父様と一緒に住んでお世話をしてくれぬか。お前ももう13。直に嫁に行かねばならぬ年頃じゃ。花嫁修業のつもりで行ってはもらえぬか」

　一応、千代の意向を聞くような言い方であったが、実質はほとんど命令に近いものであることを千代はすぐに察した。でも、彼女は悪い話ではないと思った。13歳といえば、もっとも父親を忌《い》み嫌う年頃だが、どうした訳か、千代は百合之助と2人だけの生活をすることに抵抗感がなかった。

　取り立てて「お父さんっ子」であった訳でもない。ただ、今まで山中の暮らししか知らない千代にとって、松本川の向こうの、賑やかな城下での生活はやはり魅力だった。それに、同じ世話をするにも、寿や艶の子守よりは、百合之助のほうがまだましに思えたのも事実であった。

一つ気になったのは、お前もすぐに嫁に行く、という瀧の言葉だった。そんなことは、これまでほとんど考えたことがなかった。結婚というものが如何なるものか、想像しづらかったが、大人の世界に一歩足を踏み入れるような気がして、千代は不思議な高揚感を覚えるのだった。

結局、百合之助は、千代と中間《ちゅうげん》（従者）1人を連れて、片野の宅表に移った。千代は引っ越した当日から、百合之助のために炊事、洗濯、針仕事など、家事全般について甲斐甲斐しく働いた（百合之助と中間の弁当まで毎日拵えた）。

およそ、中年に至った男にとって、娘に身の回りの世話をしてもらうほど、幸福感を味わえるものはない。古女房のそれとは比較にならないのだ。以前、そうめんだしか何かのCMで、娘に「お父さん、お代わりは？」と聞かれて、父親役の大杉漣が、放心したように「お願いします」と言って、椀を差し出すシーンがあったが、父親の心理を心憎いばかりに描写していて出色だった。

ともあれ、百合之助もそんな千代が愛《いと》おしく思えたのだろう、事あるごとに彼女の労をねぎらったのである。

「千代、お前はいい嫁になるぞ」

「千代はお嫁になんか行きたくありません。いつまでも父様のそばでお世話をしとうございます」

百合之助にとっては、正に父親冥利《みょうり》に尽きる台詞《せりふ》だが、それは千代の偽らざる気持でもあった。

◇
●
□

ところでこの年、杉家には不幸が相次いだ。9月24日、三女の艶が数え3歳で病死する。当時幼児の死亡率は今とは比較にならないくらい高く、特に0歳児の病気による死亡が多かった。しかし、3歳ともなれば、艶は可愛くおしゃべりもしていたのである。母・瀧をはじめ家族の悲しみは凄《すさ》まじかった。

さらにその3日後、艶のあとを追うように、祖母の岸田氏が66歳で亡くなる。百合之助が樹々亭を出てから短期間のうちに不幸が続いたことで、瀧は、全責任は自分にあると感じているようであった。百合之助に対しては、申し訳ない気持ちでいっぱいだったのであろう。それを知ってか、百合之助が皆の前で、

「バサマが付いているから、艶も寂しゅうなかろうて」と、瀧をかばうように言うの

を聞き、千代は、改めて父と母との強い絆《きずな》を感じたのであった。

不幸があればまた幸福も訪れる。年の瀬も押し迫った頃、杉家にまた女児が誕生した。四女の文《ふみ》である。瀧が妊娠したのは、百合之助が樹々亭を出るか出ないかの頃であったろうか。千代は最初、また？　と嘆息したが、父と母の初めての別居生活が、文の誕生にはたぶん関係しているのだろう、と思い至った。そうしたことに考えを巡らせられるような年齢に、すでに千代は達していたのである。

家族は皆、文は祖母か艶の生まれ変わりに違いないと言い合った。文の顔のつくりは、どう見ても可愛げのあった艶よりも祖母の方に似ていた。だから、艶のような短命ではなく、この子は絶対長生きすると千代は確信したのだった。

一方杉家の男子は、百合之助だけでなくそれぞれが出世の道を歩み始めていた。文之進は才能が認められて、地方の代官への赴任を命ぜられた。ために松下村塾を続けられなくなり、大次郎の養母方の叔父・久保五郎左衛門が跡を継ぐことになった。

大次郎（松陰）は、弘化元年（１８４４）9月、再び藩主・敬親の前で『武教全書』を講義し、続いて『孫子』の虚実編の講義も行って、七書直解の賞与を賜わった。また、翌年には16歳にして、初めての著書『外夷小記』を著している。

梅太郎は藩校・明倫館に入ったあと、郡奉行加勢暫役に任ぜられた。さらにめでた

萩城城下町の家並み〈山口県萩市南古萩町付近〉

いことに、弘化2年（1845）には杉家に三男・敏三郎《としさぶろう》が誕生した。この時、百合之助42歳、瀧は39歳であった。さすがに杉家の子づくりもこれで打ち止めとなる。

結局、百合之助と瀧は3男4女をもうけたが、第1子から第3子までが2年間隔、7年おいて第4子から第7子までがまた2年間隔という、瀧にとってはかなりハードな出産歴であった。

◇●□

ともあれ、貧しかった杉家も確実に繁栄に向かっており、そのせいもあって、長女・千代にいよいよ縁談が持ち上がった。相手は児玉祐之《すけゆき》と言って、瀧が百合之助の元に嫁ぐ時、家格を吊り合わせるため養子縁組をした児玉太兵衛の長男であった。

百合之助は、千代を連れて樹々亭に戻った折、千代を居間に呼んで、お前の結婚が決まったと伝えた。この時代、もとより武家の女に自ら結婚相手を選ぶような権利は与えられていない。

千代にしても、いずれ決められた所に嫁入りしなければならないことは覚悟していたし、ほかならぬ百合之助が選んだ相手なら、間違いはないだろうと思った。だから、「よいな」と問われて、素直にかぶりを振ったのである。

ただ、先ほどから百合之助の隣に座る瀧が、珍しく口を利かず、余りうれしそうな顔をしていないことが気になった。

その夜、千代は便所に立った時、居間から両親のひそひそ話が聞こえてきた。その内容は、千代の縁談に関するものだった。

「どうしても、千代を児玉家へ嫁がせるおつもりですか？」

瀧が百合之助に問いただしている。

「ああ、児玉家はうちとも同格であるし、祐之は将来有望な青年じゃ」

「でも、児玉家には太兵衛という気難しい父親がおいでじゃないですか。私は今でもはっきり覚えております。あなた様に嫁ぐため、児玉家の養女にしていただきましたが、その挨拶に行った際、あの父上にお会いして怖気が振るいました。嫁ぐ先がこの家でなくて良かったと、どれほど安堵したことか。祐之様が今まで結婚されてなかったのも、あの父上のせいだともっぱらの評判でございます。千代が嫁げば、苦労するのは目に見えております」

「それは、わしも分かっておる。でも、児玉家とはいろいろとしがらみがあってな。断りでもすれば、わしの立場にも影響が出よう。それに、どの家だって大なり小なり問題は抱えておる。完璧な嫁ぎ先なぞ、幻想にすぎん」

「でも、ものには程度というものがございます。あなたは千代が可愛くはないのですか？」

「可愛くないはずはなかろう。江向の宅では未熟ながら、本当によくわしの世話をやいてくれた。わしは、それがいじらしく思えてならんかった。できれば、一生そばに置いておきたいくらいだ。しかしな、浮世の義理も果たさにゃならん。なあに、太兵衛殿も相当の年じゃ。少しの辛抱じゃろう」

「もう、そんなことをおっしゃって」

千代は2人の会話を聞いて暗澹《あんたん》たる気持ちになった。自分の嫁ぎ先がそのような所だったとは。この先、どんな半生が待ち受けているのだろうと思うと、不安でその夜は朝までまんじりともできなかった。

翌朝早く、千代はまた百合之助に呼ばれた。

「千代、ゆうべ話をしたお前の縁談のことじゃがな。訳あって白紙に戻そうかと思っておる」

百合之助は百合之助で、ゆうべは寝ずにこの縁談について考えたに違いなかった。その結果、家の事情よりも娘の幸せを優先する結論に達したのだろう。千代は父の気持ちが胸にしみた。一晩悩んだあれこれがいっぺんに雲散霧消する気がした。そして、自分でも思わぬ言葉が口をついて出たのである。

「父様、私お嫁に行きます」

「えっ、しかしお前、あの家にはな……」

「父様心配は御無用です。どんな化け物みたいな舅《しゅうと》・姑《しゅうとめ》・小姑《こじゅうと》がいようと、私には耐え忍ぶ覚悟ができております」

「お前ってやつは……」

千代は生まれて初めて、百合之助の目に光るものを見た。

それからしばらくして、千代は児玉家に嫁いだ。予想にたがわず、舅には苦しめられた。千代はなかなか子宝に恵まれず、そのことが嫁ぎ先での千代の立場を余計悪くした。幸い夫の祐之は優しく、千代は夫の胸に顔をうずめて、さめざめと泣くことがたびたびあった。

千代が最初の子に恵まれるのは、結婚後10年近くたってからである。おそらくは、精神面でのストレスが災いしていたのだろう。

九州《きゅうしゅう》遊学《ゆうがく》

好男子・松陰に憧れる二女・寿

杉一家が、清水口の高洲《たかす》宅に移ったのは、嘉永元年（1848）の初夏であった。長女・千代が児玉家に嫁ぎ、長男の梅太郎が藩校・明倫館に入って、樹々亭は母親の瀧と二男・大次郎（松陰）、二女・寿、四女・文、三男・敏三郎の5人だけになった。しかも、大次郎以外は、10歳の寿が一番年かさの子供ばかりである。これでは瀧も何かと心細かろうということで、百合之助が適当な借家がないか探していたところ、清水口にある親戚筋の高洲家が同居を承諾してくれたのだった。

清水口は、樹々亭から坂を下ると、松本川右岸の船津という地域に出るが、その少し山手側に位置し、古来清澄な清水が湧くことから、清水口という地名が付いたとされる。高洲家は、百合之助の姉、すなわち寿にとっては伯母が嫁いだ家で、その子、すなわち従兄に当たる高洲為之進は、のちに大次郎が「高洲の兄様は、従弟中の長者なれば大切にせねばならぬ御方なり」と絶賛するほどの人格者だった。

親戚とはいえ、高洲家の人との同居は、子供の寿にとってもそれなりに気を使うものであったが、ここへの転居後は、百合之助が帰ってくる機会が増え、両親そろっての団欒を持てるうれしさのほうがそれを上回った。寿は、瀧を助けて6歳の文と4歳の敏三郎の面倒を見た。敏三郎は、生まれつき聴覚障害と言語障害を持つ、いわゆる聾《ろう》唖《あ》者《しゃ》であった。それが発覚した時、杉家内は沈鬱な雰囲気に包まれた。

しかし今では、敏三郎は家族の一員として、一家の団欒の中に十分に溶け込んでいたし、高須家の人たちも敏三郎を特別扱いすることなく、温かい目を向けてくれたのだった。寿にはそれがうれしかった。

この頃、兵学師範として実績を積みつつあった大次郎は、転居の翌年20歳になると、高洲の宅で子弟を集め、宅塾教授として兵学の教育に当たった。入門者には、久保清太郎、口《くち》羽《ば》寿次郎、中村道太郎、桂小五郎、斎藤栄藏、尾寺新之允、中谷正亮《しょうすけ》、品川弥二郎など、のちに幕末・維新で活躍する人物の名もあった。

大次郎の3歳年下で、後年「木戸孝允《たかよし》」と改名し、大久保利通《としみち》、西郷隆盛とともに「維新の三傑」と称される桂小五郎は、この頃から大次郎に師事していたのである。

また高洲の宅では、為之進も塾を開いており、双方の門人が行き来し、切磋琢磨することもあったようだ。為之進は、大次郎に負けず劣らずの勤王家であり、また文芸に秀で、書道にも通じていた。瀧が、さすが従兄弟同士だねえ、血は争えないねえ、と口にするのを、寿は聞いたことがある。

しかし、為之進は子供の頃から病弱であったため、早くに家督を弟に譲り、妻も娶らず、近所の子弟を集めて読書・習字などを教えていたのだった。大次郎は妹たちに、時々は為之進に心学の本でも読んでもらえ、とアドバイスしているが、寿はあまり為之進に近づこうとはしなかった。父や兄をはじめ、学舎肌の人たちとばかり接していては、正直息が詰まりそうだったのである。

◇●□

ただ寿は、高須宅へ引っ越してのち、大次郎との仲はずいぶんよくなったような気がする。姉の千代が嫁に行き、すぐ上の兄弟が大次郎になったせいかもしれない。いや、大次郎自身にも変化があったように思う。これまでは、部屋にこもって勉強ばかりしている暗いイメージだったが、この頃はそうでもないのである。

ときどき世界地図のようなものを出してきて、ここが清国、ここがインド、ここがロシアと指でその場所を差しながら、各国の特徴を教えてくれたりするのだ。そういう時の大次郎は溌剌《はつらつ》として見えた。寿は、大次郎の話を元に外国の街を想像するのが好きだった。それが楽しみで、寿は大次郎の顔を見るたび、また外国の話をしてとせがむようになった。

じつは大次郎の変化には理由があった。高洲宅に移る前年、大次郎は、後見人である山田宇右衛門《うえもん》から世界地理書『坤輿図識《こんよずしき》』を贈られ、また、長沼流の兵学師範・山田亦介《またすけ》から西洋事情の話を聞いて、世界に目を向け始めていたのである。

さらに嘉永2年（1849）6月、大次郎は藩命により、多田藤太郎、飯田猪之助、郡司覚之進らとともに長門の海岸防備状況を視察に出向くことになった。大次郎にとっては、これまで蓄えてきた学問をいよいよ実践に移す機会が与えられたのだ。そうした状況の変化が、大次郎を生き生きとさせていたのである。

瀧までが「可愛い子には旅をさせろ、というからねえ」とつぶやきながら、うれしそうに息子の初出張の旅支度に余念がなかった。

寿は、そんな大次郎が羨ましかった。彼女は、杉家の女子の中で、一番勝ち気で男勝りの性格であった。11歳と思春期の入り口に立ち、あらゆることに対して好奇心も旺盛で、自分もいつか大次郎のように萩の地を出て、広い世界を見てみたいという思いが強かったのである。

松本川左岸から清水口方面を見る〈山口県萩市〉

寿は、出発前の大次郎を捕まえて、質問した。

「大兄、出張って何のために行くのですか？」

「外国が攻めて来た時、どのようにしてこの長州、いや日本を守ればよいか、現地をつぶさに見て対策を立てるためだ」

「えっ、外国が攻めてくるの？」

寿には思いもよらぬことであった。これまで、世界地図を見て抱いていた外国のイメージが音を立てて崩れるような気がした。

「その可能性は大いにある。隣の清国は10年前にイギリスに攻め込まれ、同国によって植民地化されてしまった。アヘンを使うという汚いやり方でな。イギリスだけでなく、ロシアやアメリカ、フランスなどの列強は、日本を次の標的として、虎視眈々《こしたんたん》と狙っておるのだ」

「植民地化って？」

「市場の確保のため、他国を属国にしてしまうことだ」

「そんな卑怯な国が攻めて来たら、寿が薙刀《なぎなた》を振るって追い返してやる」

寿は薙刀を振り下ろす格好をした。

「ははは、寿は誠に頼もしいな。女にしておくのは勿体ないくらいだ」

「いいなあ、大兄は。寿も男に生まれればよかった」

「しかしな、女にもしっかり家を守るという大切な仕事がある」

大次郎の言葉が寿には不服だった。そんなのは、男の都合のいい言い訳のようにしか聞こえなかった。

◇
●
□

大次郎（松陰）は海岸視察の出張から帰った後の10月、宅塾の門下生らを率いて城東羽賀台で一大実地演習を行った。海岸防備の強化が喫緊《きっきん》の課題であると悟ったからなのだろう。外の世界に触れることの重要性を再認識した大次郎は、翌嘉永3年（1850）8月25日、藩の許可を得て九州への遊学に出発した。オランダ貿易で栄えた平戸で、山鹿流宗家を継承する山鹿万介や、陽明学者の葉山佐内らに教えを乞うためであった。

寿は、大次郎の、旅先からの便りを心待ちにしていた。出発後しばらくして、平戸の大次郎から長兄・梅太郎宛ての手紙が届いた。寿は、梅太郎に大次郎が何を書いて寄越したか、せっついて聞いた。

「兄様、大兄はなんと？」

梅太郎は、ざっと手紙に目を通したあと、おもむろにその内容について、話してくれた。いわく、兄弟、親戚、朋友、塾生に別条はありはせぬか、という心配りと、熊本の加藤清正公に参って、弟・敏三郎の聾唖が治るように祈ったこと、そして最後に、妹たちへの伝言として「父母に孝養を尽くすように」と。

寿はがっかりした。手紙の内容からは、旅先の様子を知ることはほとんどできなかった。ただ、熊本の清正公の前で、手を合わせている大次郎の姿が目に浮かんだだけであった。もっとも、大次郎はこの頃から敏三郎のことを常に気にかけていて、後年江戸に遊学した際には、敏三郎の勉強に役立てばと歴史物の絵本を江戸から贈っているし、敏三郎が字が書けるようになったという知らせを受けて大喜びしている。

寿の落胆をよそに、大次郎にとってはこの九州遊学は極めて有意義なものとなったようだ。山鹿流兵学の研究だけでなく、オランダ商船に乗り込むなど異国文化に触れ、三十余人の学者や志士と議論を交わし、膨大な量の読書を行っている。その中には西洋事情に関する本も多数あり、兵学一辺倒であった大次郎は、本格的に世界への目を開いていった。長崎、島原を巡り、熊本では、大次郎と同じ山鹿流の兵学者である宮《みや》部鼎蔵《べていぞう》との運命的な出会いがあった。

宮部は松陰より10歳年上の31歳であったが、2人は国政について熱く語り合い、意気投合して生涯の友となるのである。ともあれ、この初めての藩外遊学によって、大次郎は大いに見聞を広げたのだった。

熊本から梁川、佐賀、久留米、小倉を経て、大次郎が萩へ帰還したのは、暮れも押し迫った12月29日であった。高洲宅は正月の準備にてんてこ舞いだったが、大次郎は旅の疲れも見せず意気揚々とした面持ちで、高洲宅の門をくぐった。

百合之助や梅太郎が、口々に労をねぎらう中、ふと寿と大次郎の目が合った。

「寿よ。日本は広いぞ。次は江戸行きじゃ」

そう言って、大次郎は日焼けした顔ほほころばせたが、その健康的な風貌が、寿には我が兄ながら「好男子」に見えた。

脱藩《だっぱん》

松陰の「友達思い」に呆れる寿

嘉永4年（1851）を迎えると、22歳になった大次郎（松陰）は土原《ひじわら》の玉木文之進宅に寄寓して、さらに勉学を積んだ。この頃、文之進は遠近方助役となり、城下土原梨木町に転居していたのだ。大次郎は1月15日、藩主・敬親に山鹿流兵学の奥義を講義し、敬親は山鹿流兵学の皆伝を受けている。その褒美として、大次郎は敬親から御紋の裃《かみしも》と銀10枚を賜った。

また2月には、『文武稽古万世不朽之策』を上呈し、敬親はそれを藩の方針に採り入れている。ここまでの大次郎は、長州藩の兵学者として正に順風満帆であった。そして3月、大次郎は藩主の参勤に伴って、江戸で勉学するよう命を受けた。大次郎にとっては願ってもない話だったろう。

希望に燃え、萩を出立する大次郎に13歳の寿が声をかけた。

「大兄、いよいよ花のお江戸ですね」

「別に物見遊山に行くわけではないぞ。江戸には多くの秀才が集まって日夜勉学に励んでおる。彼らと交流して大いに見聞を広げてくるつもりだ」

「今度も、面白い土産話を楽しみにしていますからね」

そう言いながら、寿は、自分も男だったらという思いがまた頭をもたげてくるのを禁じ得なかった。

初めて江戸に出た大次郎は、長州の桜田藩邸に起居しながら、山鹿流の家元である山鹿素水や儒学者の安積艮斎《あさかごんさい》、洋学者の佐久間象山《しょうざん》らの教えを乞うた。その中でも特に象山から強い影響を受け、文之進への手紙で象山を褒め称え、また百合之助の手紙では、象山以外に尊敬できる師のいないことを嘆いている。

佐久間象山は、信濃国松代《まつしろ》藩士で、若くして江戸に出て儒学、兵学、洋学を学び、この頃には、江戸で開国論を展開しながら、兵学・砲術の塾を開いていた。門下生には勝海舟や小林虎三郎などの俊英がおり、大次郎は彼らからも大きな刺激を受けるのである。

◇●□

その年も押し迫った頃、大次郎（松陰）から梅太郎宛ての手紙が届いた。その手紙を一読した梅太郎は顔色を変え、百合之助と瀧を呼ぶと、声を殺してひそひそ話をはじめた。それは長時間に及んだ。寿たち兄弟にも、何か大次郎の身に異変が生じたことは察しがついた。

翌日、寿は梅太郎に単刀直入に聞いてみた。

「兄様、大兄の身に何か起こったのですか？」

「ああ。実はな、大次郎が脱藩したんだ」

脱藩――梅太郎の口から吐き出された思わぬ言葉に寿は絶句した。

「脱藩って、どうして大兄が？」

「藩の定めに違反したからだ」

「どんな違反をしたというの？」

根は真面目な大次郎が、まさか藩の定めを破るとは寿には信じられなかった。

「許可を得ずに、東北旅行を決行したのだ」

「東北旅行って、大兄は江戸で勉学に励んでおられたのではないのですか？」

「それが、江戸で宮部鼎蔵と江幡《えばた》五郎という2人の同志と意気投合し、防備の不十分な東北の視察旅行を思いついたらしい」

「宮部さんて、確か大兄が九州で知り合った人でしょ」

寿は、大次郎の九州の土産話に、宮部の名前が出ていたのを思い出した。しかし、江幡というのは、初めて聞く名前だった。大次郎は江戸に出てすぐに、やはり江戸に出てきていた宮部と再会し、2人して相模《さがみ》、安房《あわ》の沿岸を10日間かけて視察した。そして、次の目標として東北旅行を計画したのだが、南部藩盛岡生まれで奥州の事情に詳しい江幡五郎が、それに賛同して加わったのであった。

「東北旅行することがそんなに悪いことなのですか？」

「いいや。藩の許可さえとっておけば、何の問題もないことだ。大次郎も藩に申請はしておったのだが、過書《かしょ》が交付されるのを待てなかったらしい」

過書とは、他藩を通過する時、関所などで提示する通行手形のようなものであった。

「何で待てなかったのよぉ」

寿はだんだんと腹が立ってきた。今まで大次郎に抱いていた「好男子」のイメージが崩れ始めていた。

「それが、どうしても12月15日に出発せねばならぬ理由があったようなのだ」

「12月15日？　どんな理由があったというの」

「江幡という同志が、その東北旅行のついでに兄の仇討ちをすることになっていて、

長州藩上屋敷（江戸桜田藩邸）跡〈東京都千代田区日比谷公園内〉

それで赤穂浪士にあやかるため、わざわざ彼らが本懐を遂げた日である12月15日を出発日にしたというのだ」

梅太郎の説明を聞いて、寿はあきれ返ってしまった。あきれながらも、友情に厚く、赤穂浪士に心酔していた大次郎なら、やりかねない話だと思った。江幡は大次郎より3つ年上で、かつて大和の森田節斎《せっさい》に師事していたが、その間に兄・春菴《しゅんあん》が南部藩のお家騒動に巻き込まれ、投獄のうえ暗殺された。その首謀者である藩の重職・田《た》鎖《くさり》左《さ》膳《ぜん》を、江幡は仇討ちしようとしていたのだ。

脱藩という無謀な決断をした大次郎だったが、彼にシンパシイを持つ藩関係者も何人かいたようだ。大次郎と親しかった長州藩士・来原良蔵《くるはらりょうぞう》などは、

「あとのことは心配するな。おぬしが脱藩しなければならなかった理由を、藩の役人に説明しておいてやる」と励ましている。

◇●□

さて、江戸を出奔した大次郎（松陰）は、同志2人とまずは水戸にひと月滞在した。水戸は大次郎にとって、憧れの「尊王思想のメッカ」であった。ここで大次郎は、愛読書『新論』の著者、会沢正志斎や松岡亮といった優れた学者と会い、強い刺激を受

けた。ただ、水戸学の第一人者・藤田東湖《とうこ》は当時禁固中で残念ながら会うことができず、そのことを大次郎は、兄・梅太郎への手紙に口惜しそうに綴っている。

水戸を後にした大次郎らは、白河、会津、新潟を経て佐渡に渡り、日本海側を北上して、秋田、弘前《ひろさき》を経て小泊《こどまり》に達し、青森、盛岡、仙台、米沢と南下して、嘉永5年（1852）4月に江戸へ戻った。5カ月に及ぶ大旅行であった。

大次郎はすぐに江戸桜田藩邸に待罪書を出し、藩命を待った。やがて、親許での謹慎の命が下り、5月には萩へ帰って清水口の高洲宅で蟄居《ちっきょ》しながら、最終処分を待つことになった。

1年2カ月ぶりに高洲宅に戻った大次郎は、寿の顔を見るなり、あっけらかんとした表情で、

「江戸には大した師はおらん。やはり海外に出ないとだめだな」と性懲りもないようなことを言った。

寿はそれには答えずに、

「ねえ、大兄。一つ聞いていていい？」と問いかけた。

「なんだ」大次郎は眉を少し動かした。

「一緒に東北に行った江幡とかいう人、仇討ちを遂げることはできたの？」

「それが、肝心の仇に出会えなかったらしいんだ。さぞ、無念だったろうよ。わしも残念でならん」

大次郎は、自分が被った迷惑など、まったく意に介していないようだった。実のところ、江幡は大次郎、宮部と白河で別れ、以後1人別行動をとっている。仇である田鎖が仙台を通って国に帰るという情報を得て、奥州路で田鎖を待ち構えることにしたのだ。

しかし3月下旬、仙台から南下してきた大次郎と宮部は、阿武隈川沿いの刈田宮という所で、2月ぶりに江幡と涙の再会をするが、江幡はいまだ仇討ちを果たせていなかった。そこから、江幡はまた2人と別行動をとるのだが、そもそも江幡が、本気で仇討ちをやろうとしていたのかどうか、怪しい限りだったようだ。

そんな「親友」に振り回された大次郎が、寿にはお人よしを通り越して、ある種の欠陥人間のようにも思えるのだった。

寿《ひさ》の結婚《けっこん》

相手は松陰お墨付きの人格者

嘉永5年（1852）12月9日、大次郎（松陰）は亡命の罪（東北遊歴）で士籍剥奪、世禄没収の処分を受けた。同時に、江戸桜田藩邸で大次郎の脱藩に協力した来原良蔵らは、逼塞《ひっそく》を命じられた。ただ、藩主・敬親は大次郎を憐れに思い、彼を実父・百合之助の育《はぐく》みとし、さらに10年間の諸国遊歴の許可を与えた。

この温情措置は、そもそも大次郎の今回の東北遊歴は、憂国熱情によりやむにやまれず挙行されたものと判断されたからであった。ちなみに、大次郎脱藩の報告を受けた時、敬親は「国の宝を失った」と言って、大いに嘆いたそうである。

お国追い出しという形ではあったが、大次郎にとってはむしろ好都合であったろう。再び遊学して知見を広めることができるようになったのだから。杉家の人々も、藩の穏便な措置に人心地付いたに違いない。

ところで、大次郎（松陰）は脱藩の罪により士籍を剥奪された日から、大次郎という名を松次郎に改め、さらに1ヶ月後には寅次郎に改名している。これは、不祥事を起こした身を恥じて、吉田大助にあやかった名を返上したものであった。

また、「松陰」の号を使い始めたのもこの頃である。もっとも妹たちは、これまで通り「大次郎兄」、または「大兄」と呼ぶことが多かったようである。

さて、年が明けて嘉永6年（1853）1月26日、大次郎改め吉田寅次郎（松陰）は、遊学のため萩を出発、大和路で森田節斎《せっさい》・谷三山《さんざん》、伊勢路で足代《あじろ》権大夫・斎藤拙堂《せつどう》らを訪ねたのち、中山道を通って5月24日に江戸に入った。江戸ではまず、桂小五郎が修業中の斉藤弥九郎の道場へ行き、入塾手続きを行っている。

その翌日には、鎌倉瑞泉寺に母方の伯父・竹院を訪ね、6月1日まで逗留した。寅次郎は、前回の江戸遊学の時にも竹院を訪ねており、今般も1週間も滞在しているところをみると、2人は互いにウマが合うところがあったのだろう。寅次郎は、竹院宅での滞在の様子を、梅太郎宛ての手紙に書いて送っている。

それを聞いた瀧は、

「寅次郎の学問好きと無謀なところは、案外兄様と同じ血によるものかもしれないねえ。寅次郎が兄様を慕うのは、伯父と甥との関係というよりは『類を以って集まる』

のたぐいのような気がするよ」と、しみじみ語ったのだった。実際、1年後に大次郎が密航未遂事件を起こすのも、陰に竹院の激励があったからとも言われる。

◇●□

寅次郎（松陰）が鎌倉から江戸へ戻って3日経った6月4日、提督ペリー率いる米艦隊が浦賀へやってきた。当時の日本人の常識からすれば、化け物のような鉄の塊の出現に、中には山が動いたと思った地元民もいたという。ペリーらが、江戸湾で大砲を打ち鳴らすといった示威行動に出ると、幕府は動揺し、その無力さを露呈していくことになる。

大森から羽田の先までの海岸は、長州藩の警備区域でもあったため、寅次郎はすぐに江戸から浦賀へ出向き、佐久間象山らと米艦の様子をつぶさに視察した。そして、6日には江戸桜田藩邸に『将及私言《しょうきゅうしげん》』を呈上するとともに、『急務條議、接夷私議』等の建白書を作成して、象山らと討究を行った。

黒船来航のニュースは、江戸藩邸を通じて萩にも伝えられた。ところで、その年の3月に、杉家は清水口の高洲家を出て、小新道の新居に引っ越していた。現在の松陰神社のある場所である。ちなみに、杉家が出たあとの高洲宅には、玉木文之進の一家

杉家旧宅（吉田松陰幽囚ノ旧宅）〈山口県萩市椿東〉

が入居した。

浦賀の状況を耳にした寿は、外国と戦争になったら、果たして日本はどうなるのかという不安に駆られる一方で、江戸にいる次兄・寅次郎の動向も気になるところであった。この混乱に乗じて、また突拍子もないことをしでかすのではないかと。

ちょうどその頃、寿に縁談が持ち上がった。相手は小田村伊之助といい、藩医・松島瑞幡の二男として生まれ、12歳の時、儒学を家業とする小田村家へ養子に入っていた。少し前までは江戸藩邸に勤務しており、遊学中の寅次郎とも顔見知りだった。寿は15歳になっていたから、当時の結婚適齢期からして、いつ縁談があってもおかしくないと自分でも覚悟はしていた。

しかし、いくら男勝りの寿とはいえ、年若い乙女には変わりがない。いざ嫁入りするとなると、やはり不安は拭いきれなかった。ただ瀧から、以前寅次郎が、伊之助のことを「気力、詩力、酒力はわが及ぶところに非ず」と評し、有能な人格者と認めていたと聞かされて、少しばかり安心したのだった。

寿は、姉の千代にこの縁談について相談してみた。千代が、嫁ぎ先で苦労しているのをいつも聞かされていたからである。

「寿ちゃん。いいお話じゃないの。お相手は二男でしょ。長男の嫁は、ほんとに大変よ」

千代は、寿の背中を押すような言い方をした。

「でも、伊之助様は小田村家へ養子に行ってるのよ。そこには義父母もいる訳だし、昔から米糠3合あれば養子に行くな、っていうじゃないですか」

「それは農家や商家の話でしょ。小田村家は学者の家系じゃないですか。それに実の父母には息子は気を使うものよ。嫁との板挟みになって、それは苦しそう」

千代は、夫・祐之を思いやるように顔をしかめた。

「その点、なさぬ仲の親なら、嫁と婿は共同戦線を張れるじゃない」

冗談めかした千代の解説に、寿は「そんなものだろうか」と半信半疑だった。

◇●□

婚礼前に、寿は伊之助と顔を会わす機会が一度だけあった。仲を取り持った親戚が気を利かせてくれたのである。すでに25歳の伊之助は、寿にはずいぶんと大人びて見えた。というか、オジサンであった。

「小田村と申します。どうぞよろしく」

その切り出し方が、またオジサン臭かったが、なぜか寿は嫌な気がしなかった。

「あの、小田村様は、大兄（松陰）とはお知り合いのようですね？」

「ええ、よーく存じております。初めてお会いしたのは、江戸においででした。私が江戸勤番であった折、兄上が藩主に同行して、江戸へ参られたのです」

「そうですか。では兄が脱藩騒ぎを起こした時には、ご迷惑をおかけしたのではないですか？」

「迷惑だなんて。ただ、兄上は純粋な方です。純粋だからこそ、ああいう挙に出られた。私にはとてもまねはできません」

「へえ。では小田村様は、純粋ではいらっしゃらないのですか？　まさか不純だと」

「えっ、いや。あなたは意外と意地悪な方ですね。先が思いやられるなあ……」と言って、伊之助は苦笑いした。寿は、緊張がいっぺんにほぐれるのを感じた。

「純粋でないというより、臆病なだけですけどね」伊之助は自嘲気味に言った。

「でも、大兄は確かに純粋かもしれませんが、そのせいで、何をしでかすか分かったものじゃありません」

「しかしね、寿どの。今、時代は大きく変動しております。浦賀に米国の黒船がやってきたことは知っておいででしょう？　260年間鎖国を続けてきた日本は、米国だけでなく先進諸国から開国を迫られておるんです。今や幕府は頼りにならない。これからは、純粋に国を思う兄上のような人材が絶対必要なんです」

「でも、そんな人間を家族に持つ者は、心配で心配でたまったもんじゃありません」

それは、寿の正直な気持ちだった。伊之助の前では普段口にできないこともつい、しゃべってしまえる雰囲気があった。

「寿どの。これからは私も家族の一員として、一緒に心配しますから、少しは心強く思ってください」

「うーん、頼りになるかしら」

「信用がないんだなあ……」

2人は顔を見合わせ、声を出して笑い合った。

密航未遂《みっこうみすい》
松陰の「ノーふんどし」を笑う寿

嘉永6年（1853）7月、寿は小田村伊之助の元に嫁いだ。それを江戸で知った寅次郎（松陰）から、2人の結婚を祝福する8月15日付けの手紙が、両親のもとに届いている。寅次郎は、小田村の3兄弟がいずれも読書人であることを理由に、手放しの喜びようであった。伊之助の実兄・松島剛蔵《ごうぞう》は医学、兵学、洋学を、実弟・小倉健作は朱子学を専攻する学者だったのだ。

この年の11月、寅次郎はひょっこりと萩の実家に帰ってきた。熊本藩士の宮部鼎蔵、野口直之允という2人の同志が一緒だった。杉家では、突然の息子の帰宅に客人ともども歓迎する夕餉《ゆうげ》の宴を持った。寿もその手伝いをした。というのは、夫の伊之助が江戸への出張など、留守がちだったため、寿は実家の杉家に身を寄せることが多かったのである。

寅次郎は、長崎に所用があったので、ちょっと父母の顔を見ようと立ち寄ったと言っていたが、寿には何か別の理由があるように思えてならなかった。同行の宮部については、寅次郎の九州遊学時の土産話にその名が出ていたし、東北旅行でも行動を共にしたと聞いていたが、野口については、初めて聞く名だった。野口は「常念軒勇往無退居士」という戒名の書かれた布を身に巻き付けており、その心意気を寅次郎が褒めているのを見て、寿はぞっとしたものである。

いずれにしろ、2人の持つ目の鋭さが寿には気になった。寅次郎が席を立った際、寿は彼に近づいてそっと聞いた。

「大兄、長崎へは何しに行ってたのですか？」

「だから、ちょっとした用があって……」

「ほんとにそうなの？」

「どうして、そんなことを聞く」

「だって、大兄は何か危ないことに関わっているんじゃないかって、主人が心配してたから」

「はは、お前の口から『主人』などという言葉を聞くとは思わなかった。小田村殿とは仲良くやってるようだな」

「もう、ちゃかさないで、本当のことを言ってください」

「まったく、寿にはかなわんな。実はな、長崎に碇泊中のロシアの軍艦に乗り込んで、海外へ飛び出すつもりだったんだ……」寅次郎は平然と言ってのけた。

「ちょ、ちょっと待って。それって密航を企てたってこと？」

「ああ、江戸から急いではるばる長崎まで駆け付けたんだが、残念ながらプチャーチンの野郎、何処かへ出帆してしまっていやがった」

◇●□

この年の7月18日、司令長官・プチャーチン率いるロシア東洋艦隊の軍艦4隻が、国書を携えて長崎港へやってきていた。幕府と交渉する中、艦隊は10月23日に一旦長崎を出港するが、12月5日にまた戻ってくる。

寅次郎（松陰）が、密航のため長崎を訪れたのは、幸か不幸か、否、寿はじめ杉家の家族にとっては幸いなことに、ちょうどこの間だったのだ。

「簡単に言うけど、密航って国禁を犯すことになるんでしょう？」

「そうだ、へたすりゃ死刑だ」

寅次郎の言葉に、寿は頭をハンマーで殴られたような衝撃を覚えた。

「やっぱり、危ないことをしてるんじゃないですか！」

「でもな、やりようによっては、罰せられずにすむかもしれん。おまえ、ジョン万次郎って知っているか？」

「知らないわ。誰よ、その異国人か日本人か分からないような名前の人は」

「万次郎は、土佐の漁師の倅《せがれ》だったんだが、14歳の時漁の手伝いに出て漂流し、アメリカ船に救助されて、彼の地に渡った。向こうではジョン万次郎という名で学校に通わせてもらい、10年ぶりに日本に帰って、今般英語力を買われてアメリカ人向けの通訳に抜擢《ばってき》されたそうだ」

「へえ」寿は大次郎の言わんとすることが掴み兼ねた。

「だから、漂流であれ何であれ、向こうに渡ってしまって、西洋の学問なり文化なり語学なりをマスターしてしまえば、こっちのものという訳だ」

「そ、それは、やっぱり漂流と軍艦に乗り込むのとでは違うように思うけど。どっちにしろ、そんな一か八かみたいな危ないことはやめて」

「お前は、危ない、危ないというがな、今一番危ないのは日本の国そのものだ。ほっておいたら、外国の属国になってしまう」

「とにかく、密航なんて恐ろしいこと、二度とやらないで。少しは父様や母様のこと

吉田松陰と金子重之助の像〈山口県萩市椿東〉

を考えてよ。それと、宮部とかいう人とはもう付き合わないでください」
同志との付き合いにまで、嘴を挟まれて、さすがに大次郎も、
「女のお前に何が……」と言いかけたが、また思い直したように、
「まあ、考えておくよ」とおざなりに呟いて、その場を離れてしまった。

◇●□

しかし、それから半年後、寿の心配は現実のものとなった。寅次郎（松陰）が、今度は下田で米艦に乗り込もうとして失敗し、逮捕されたという情報がもたらされたのだ。提督ペリーが前年の幕府との約束通り、条約締結を求めて再び来航していたのである。杉家はもとより、藩内は騒然となった。それどころか、この事件は、遠く米国や仏国の新聞にも報道された。

安政元年（１８５４）3月27日夜半、寅次郎は同じ長州出身の弟子・金子重之助と、下田に碇泊中の米軍艦に小舟で漕ぎ寄り、学問をしたいので米国へ連れていってもらいたい、と嘆願したが、日米和親条約締結直後だったこともあり、米側には聞き入れてもらえなかった。それで、やむなく米国への渡航をあきらめ、地元の番所に自首、その後江戸伝馬町獄に拘置されたというのだ。

寅次郎らが自首したのは、米艦に漕ぎ寄せた小舟が波に流され、そこには2人の日記や佐久間象山からの激励の手紙などの「証拠品」が残されたままになっていたからである。実際、この小舟は後刻当局に回収され、象山は江戸で拘引の上、松代藩での蟄居を命じられた。

下田から江戸への護送中、赤穂浪士の菩提寺である泉岳寺を通過する際、大次郎は、

かくすれば　かくなるものと　知りながら
　やむに已《や》まれぬ　大和魂

という歌を義士の霊に手向けているぐらいだから、もとより確信犯だったのである。

事件発覚以来、杉家の家族は皆、沈痛な思いでいた。百合之助や瀧、梅太郎は、寅次郎の勤王精神を理解するがゆえに複雑な心境であったろう。百合之助は、寅次郎の目論見が失敗したことを口惜しいと江戸在勤中の梅太郎に出した手紙に書いている。また寅次郎は寅次郎で、両親のことを案じていると、梅太郎宛ての手紙に認《したた》めた。

しかし、罪の重さでいえば、密航は脱藩とは比較にならないほど重い。親戚の地位や職務に及ぶ影響も計り知れないものがあった。長州藩や藩主・敬親に幕府から御咎めがあろうものなら、百合之助は腹を切ってお詫びするしかないと覚悟したに違いない。結局親族の処分は、梅太郎が4月25日から江戸桜田藩邸において閑居謹慎処分、

百合之助は自宅にて閑居謹慎処分、文之進は病気と称して役所出仕を遠慮するということになった。

寅次郎本人の処罰はどうなったか。寅次郎の犯した罪は、寅次郎自身が自覚していたように、本来なら死刑に処されてもおかしくはないものであった。しかし、9月18日に下された判決は、「父・百合之助に引き渡し在所において蟄居申付け」という奇跡的に軽いものであった。

そこには、今回の寅次郎の行為は、憂国の念から海外の事情を知ろうとしたものであり、国事多難の折、寅次郎のような優秀な人材を亡くしてはならない、という老中・阿部正弘《あべまさひろ》の英断があったとされる。

杉家の妹たちも、もちろん胸を撫で下ろしたことであろう。ただ寿は、寅次郎と重之助が、用意していた小舟で米艦に向かおうとした時、櫓杭がないことに気づき、急遽ふんどしで艪《ろ》を両舷《りょうげん》に繋《つな》ぎ漕ぎ進んだという話を後日聞いて、思わず吹き出してしまった。まじめな寅次郎がふんどしを外し、真剣な表情で櫓に縛り付けている風景が目に浮かんだのである。だが、吹き出したあと、どういう訳か寿の両目からは涙が流れ出て止まらなかった。

牢獄《ろうごく》

松陰の、女囚との交流を冷やかす千代

寅次郎（松陰）と金子重之助は江戸から萩へと護送され、安政元年（1854）10月24日、藩庁の判断により寅次郎は野山獄に投獄された。重之助は、寅次郎とは別の岩倉獄に入れられた。というのは、野山獄は上牢といって、士分の者用の牢獄で、足軽である重之助は、士分以外の者が入る下牢・岩倉獄に回されたのであった。

重之助は、江戸の牢獄や移送中の劣悪な扱いから体調を壊し、翌安政2年（1855）1月11日、獄中死する。まだ23歳であった。寅次郎にとって、重之助は江戸で知り合い、同室で起居しながら苦難を共にした愛弟子である。その不遇の死は、悔やんでも悔やみきれないものであったろう。

寅次郎は、毎日の食事から汁と菜を省き、その代金を積み立てて重之助の母親に送り、墓前に石灯籠を立ててもらった。また、野山獄出獄後には、生前の金子を知って

いる佐久間象山、宮部鼎蔵、久坂玄瑞、僧月性《げっしょう》、宇都宮黙霖《もくりん》らに呼びかけて、金子を弔う詩歌を寄稿してもらい、『冤魂慰草《えんこんいそう》』を編纂した。

さてこの年、23歳になった千代は、長男・萬吉を生んだ。児玉家へ嫁いでから、実に10年近くが経過していた。この間、子宝に恵まれないことで、どれほど肩身の狭い思いをしてきたかは筆舌に尽くしがたかった。跡取りができた児玉家は、一家をあげての喜びようで、千代は結婚して初めて誇らしげな気分に浸ることができた。

なぜ、今になって子宝に恵まれたのか。ひとつ思い当たることは、7つ下の寿が結婚したことである。まだ年若く、結婚に対して不安いっぱいの寿に、千代は姉として先輩として、あれこれとアドバイスを惜しまなかった。

そうしたことを通じて、千代は自分の結婚生活について、また人生について、改めて考え直す機会を持った。それが妊娠へと繋がった可能性は否定できない、と千代は思うのだ。この年、16歳の寿もほとんど同時に妊娠し、長男・篤太郎《とくたろう》を出産した。ダブルのおめでたがあって、寅次郎の密航未遂事件で沈み込んだ杉家の雰囲気も幾分は和らいだのであった。

寅次郎が野山獄に入獄後、杉家の家族は、寅次郎と頻繁に手紙でやり取りをするようになる。特に兄・梅太郎は、湿気除けの敷皮や夜着、綿入れなどを差し入れ、「獄中に長くいると腰膝が立たなくなる。健康が第一じゃ」などと、松陰の体を案ずる手紙を再三書き送っている。また、見舞品として薬とともに梅干し、フナの昆布巻きなども送っており、昆布巻きについては千代からのものであると書き添えていた。

考えてみれば、年齢が近く杉家の一番貧しい時期にともに育った梅太郎、寅次郎、千代の3人は、他の兄弟と比べると、やはり結びつきが強かったのである。

◇●□

12月3日、千代は獄中の寅次郎（松陰）から自分宛ての手紙を受け取った。寅次郎からの手紙は久しぶりであった。嘉永5年（1852）1月、脱藩して東北を遊歴中の寅次郎から、夫の児玉祐之あてに書状がきたことがあった。

この時も、千代は実家の兄が脱藩するという不祥事に、児玉家の嫁として随分と居づらい思いをしたものであるが、祐之に聞くと、書状の内容は、ただ旅の消息を伝えたものだった。千代は、いい気なものだとむっとしたが、今思えば、自分の所業で迷惑をかけるであろう、母の養家で且つ妹の嫁ぎ先でもある児玉家に対して、彼なりの義理立てをしたのかもしれない。

さて、今回の手紙は、野山獄へいろいろと差し入れをしてくれる千代への謝礼から始まっていた。そなたの気持ちを思いやると、涙が出て止まらず、夜着をかぶってむせび泣いたという。次に、父母様、兄様の心づけで、不自由なく獄中生活を送っているのでご安心あれ、とあった。ここまで読んで、千代も涙があふれてきた。

ところが、続く部分は、舅への仕え方や子女の教育方法について、長々と書き連ねてあったのである。千代も23歳となり、児玉家の家風にも慣れたろうし、幸い子もなした。ここらで兄として、改めて女の修身について、教えを説こうとしたのであろう。目を通しながら、千代はいかにも大兄（松陰）らしいなと思って、ため息が出た。書かれていることは、その通りなのだが、実際にはそううまくゆくものではないことを、千代はこれまでの嫁ぎ先での生活で思い知っていた。結婚したことのない寅次郎に何が分かるかと、反発心が湧いた。

ただ、あの気難しい舅・太兵衛の前ではどんな教えも通用しないと思っていたが、最近では少し考えが変わり始めていた。姑が亡くなり、舅も千代を頼らざるをえない状況にあったし、嫡男・萬吉を生んで、家庭内での千代の立場が強化されたこともあった。何より、萬吉を抱いて目尻を下げる舅が可愛く見えてきたから不思議である。これは、女の心得を忠実に実行したからというより、日々の生活の中で自然と培われた、互いの心の変化とでもいうしか、説明がつかないように千代には思われた。

12月16日にも、寅次郎から千代宛てに手紙が来たが、今度は長男・萬吉の教育に関することで、「楠正成《くすのきまさしげ》や新田義貞、加藤清正などを子供に覚えさすのがよかろう」とあった。昔から寅次郎は、後醍醐天皇のために命を投げ出して戦った楠正成に心酔していて、以前江戸遊学の途上、摂津《せっつ》湊川《みなとがわ》にある正成の墓所に参った時、感激のあまり涙が出るのを禁じ得なかったと本人から聞いたことを思い出して、今度もまた千代は苦笑したのだった。ただ、新田義貞と加藤清正については、どんなところが子供の教育上よろしいのか、知識が無くてよくは分からなかったが。

◇●□

ところで、獄中生活に慣れてくると、寅次郎（松陰）はまた特異な能力を発揮しはじめる。膨大な書物を読み漁るとともに、野山獄の囚人を相手に『孟子』などを講義するようになったのだ。初めは冷ややかだった囚人たちも、徐々に寅次郎の話に耳を傾けるようになる。それどころか、囚人を監視する立場の看守までもが、寅次郎の講義に聞き入り、福川犀之助《さいのすけ》という司獄に至っては、寅次郎に弟子入りを申し出るほど、その話は人を引き付けるものであったようだ。

しかし、ここで留まらないのが寅次郎のスゴイところである。野山獄には、法を犯

道を挟んで立つ野山獄（下）と岩倉獄（上）の跡碑〈山口県萩市今萩町〉

した犯罪者だけでなく、性格や行動が家族や親戚から問題視されて、無理矢理収監されているような人物がいた。というか、寅次郎が入獄した時、11名いた囚人のうち、犯罪者は2名だけで、実に残りの9名はこうした「問題児」だったのである。

今の感覚からすれば、人権侵害も甚だしい。しかも、犯罪者は刑期があるから、何かの折に恩赦という希望もあるが、「問題児」はいわば終身刑も同然だった。実際、在獄50年近い年長者もいた。

こうした「問題児」の中には、特定のジャンルに秀でた者もいて、それに気づいた寅次郎は、自分だけが教える側に立つのではなく、獄中者同士が俳句、書道、漢詩など、各人の得意分野を互いに講じ合うようなことをやり始めたのである。

漢詩を得意とした富永有隣《ゆうりん》などは、性狷介《けんかい》であったが、これがきっかけとなって、出獄後は寅次郎が主宰する松下村塾の講師を務めるまでになった。彼はまた、婦人の教育にも心を傾けた寅次郎の依頼で、中国の歴史家・曹大家《そうたいこ》（斑昭《はんしょう》）の著作『女誡《じょかい》』の邦訳を手掛けたりもしている。

さて寅次郎は、これまでの活動内容を記録に残すため、獄中にあって『幽囚録』と『回顧録』を書き上げた。さらには、文之進の長男・彦助が満15歳の元服を迎えるに当たって、『士規七則《しきしちそく》』を書き送っている。これは、「志を立てて万事の源となし、交《まじわり》を択《えら》びて仁義の行いを輔《たす》け、書を読みて聖賢の訓《おし》えをかんがう」と説いたもので、明治期には、日本男子の心得として広く一般家庭にまで用いられた。

こうした獄中の様子を千代は、寅次郎から杉家の家族宛てに来る手紙の文面から窺うことができた。千代は野山獄の囚人の中にただ1人、高須久子《たかすひさこ》という女性がいることを知る。久子は、330石の大組藩士の妻であったが、夫に先立たれたあと、芸人と密通した疑いで投獄されたとのことであった。その久子と、寅次郎は獄中での句会で、親しく俳句のやり取りをしているという。寅次郎は26歳、久子は一回り年上の37歳であった。

この話を聞いた時、千代は少し心に日が差したような気がした。本来なら、寅次郎は嫁をもらって当然の年頃である。しかし、勤王精神に凝り固まり、いつでも一身をささげる覚悟を決めている寅次郎にその気がないことを千代はよく知っていた。

梅太郎と寅次郎は、手紙でこんなやり取りをしていた。親不孝を申し訳なく思う寅次郎に対し、梅太郎は、両親への孝行は自分が果たすから、お前は忠のために初心を貫徹せよ、と励ましているのだ。兄弟間で「忠孝分任両全」の申し合わせができていたのである。

もっとも、嫁はもらわずとも、女遊びをしている勤王の志士はいくらでもいた。しかし、寅次郎にそんな不良行為ができようはずもなかった。寅次郎には生まれつき顔にあばたがあった。彼が子供のころから女子を避けていたのは、そのせいかと千代は思ったりする。

いずれにしろ、女も知らずに勤王のために命を捨てようとする寅次郎が、千代には可哀相でならなかった。だから、獄中、女囚と心を通わせたと聞いて、色気のなかった兄の人生にも少しは潤いがもたらされたのではないかと、うれしく思ったのだ。

寅次郎が野山獄を出る時、高須久子が彼に送ったという句が伝わる。

鴨《かも》立って　あとの寂しさ　夜明けかな

寅次郎の号が「子義」であったため、ほんとは「鴫《しぎ》立って」と詠みたかったところを、体面を慮《おもんばか》ってあえて「鴨立って」にしたと解釈されるようだ。

安政2年（1855）12月15日、寅次郎は野山獄から出ることを許され、父・杉百合之助に身柄が引き渡された。ただ、自宅謹慎ということで、杉家の東隅にある三畳半の間に蟄居することになった。謹慎の身とはいえ、一つ屋根の下に家族と一緒に暮らすことができるようになったのである。瀧をはじめ家族一同大いに喜んだ。千代もそれを聞いて、実家に駆け付けた。

「大兄、おめでとう、よかったね」

寅次郎は思いのほか元気そうだった。

「ああ、在獄中はお前にもいろいろ世話になったな。これからは夫と舅に尽くし、萬吉を立派な大人に育て上げるんだぞ」

寅次郎が手紙と同じような内容を口にしたので、千代の心にちょっとしたいたずら心が芽生えた。

「牢獄の中でも、そんな女の修身を説かれていたのですか？」

「えっ？」

「高須久子という方と、随分仲良く交流されておられたとか。さぞ、身持ちの堅い賢婦でいらっしゃったのでしょうね」

「な、何をばかな」

寅次郎はしどろもどろに言って、耳まで赤くなった。

千代はそんな寅次郎を見て、少しいじめ過ぎたかな、と反省したのだった。

松下村塾《しょうかそんじゅく》

塾生から選ばれた四女・文の結婚相手

野山獄から実家に戻り、自宅謹慎の身となっても、寅次郎（松陰）の勉学への熱意は変わらなかった。今度は父・百合之助、兄・梅太郎、養母方の父・久保五郎左衛門を相手に、『孟子』の講義を始めた。また、寅次郎の名声を慕って多くの門弟も彼の元へ訪れた。

安政3年（1856）9月、寅次郎は叔父・玉木文之進が興し、その後久保五郎左衛門が引き継いでいた松下村塾で、彼らの指導に当たることになった。学舎は、小新道の杉家の宅地内にあった「離れ」が使われた。

ここで寅次郎は、読み書き漢文から、論語や兵学、果ては世界情勢まで、幅広い分野の教育を施した。そして、身分の垣根を取り払い、講師も塾生も対等とし、一方的な講義ではなく、自由な議論を重視したという。

寅次郎が、松下村塾を主宰したのは僅か2年足らずであるが、その間に約90名の塾生を教えている。のちに名を成す主な人物を上げてみると、高杉晋作《しんさく》、久坂玄瑞《げんずい》、吉田栄太郎（稔麿《としまろ》）、入江杉蔵（九一）、寺島忠三郎、伊藤利助（博文《ひろぶみ》）、山形小助（有朋《とも》）、品川弥二郎《やじろう》、山田顕義《あきよし》、佐世八十郎（前原一誠《いっせい》）、赤禰武人《あかねたけと》、時山直八、河北義次郎、野村和作《わさく》（靖）、杉山松助、松浦亀太郎（松洞《しょうどう》）、山根孝中《こうちゅう》、横山幾太、渡辺蒿蔵《こうぞう》、飯田俊徳《としのり》、滝弥太郎、木梨信一、国司《くにし》仙吉、境二郎、妻木寿之進《ひさのしん》、正木退蔵、松本鼎《かなえ》などである。ほとんどがまだ10代の若者であった。

さて、この頃杉家で暮らしていた女子は四女の文だけだった。長女・千代、二女・寿は、すでに結婚して家を出ていた。文は14歳になっていた。思春期に差し掛かったところで、松下村塾の大勢の塾生がどっと家に出入りするようになったのである。

塾生の中には、塾に寄宿する者もあれば、昼夜とも食事を塾で取る者もあった。そうした塾生の面倒を、瀧は我が子のようにみた。もちろん文も、梅太郎夫人の亀とともにその手伝いをした。兵学教練の野外実習の時には風呂を沸かし、冬の討論会の際には、火鉢に火を起こして、煎り豆やかき餅を焼いた。そうこうするうちに、文は塾生たちとも徐々に言葉を交わすようになった。

ただ、文はどちらかといえば大人しい性格だったから、彼らと打ち解けた会話ができるまではなかなか至らなかった。姉の寿などはずっと大胆だった。寿は、夫の伊之助が相州警備を命じられ関東へ出張したため、しょっちゅう実家である杉家に来ていた。彼女が塾生を呼び捨てにして、軽口をたたき合っているのを見ると、自分もあんな風に彼らと接することができたら楽しいだろうなあ、と寿がうらやましく感じられるのだった。

文は塾生と接するより、むしろ敏三郎の相手をしていることのほうが多かった。敏三郎は12歳になったが、やはり聾唖の症状に変わりはなかった。文は、一番年の近い兄弟ということもあって、物心ついた頃から、彼の面倒を見る役回りを担ってきた。敏三郎は、耳も聞こえず物も言えなかったが、文は彼が思っていること、考えていることをほかの家族の誰よりもよく理解することができた。敏三郎は、普通の少年と比べても、感受性は豊かだったし、頭も悪くなかった、というよりむしろ利発だった。

もっとも、しゃべれないから、小さい頃は近所の子供たちによくいじめられた。そんな時、文は敏三郎を連れ、棒を持っていじめた子の家へ行き、弟に謝りなさい、謝らなければ承知しないよ、と言って、棒を振り上げたりすることもあった。さすがの寿も、「文ちゃん、敏のことになるとすごいわね」と感心したが、自分でも思わぬ行動に出ることがあったのである。

松下村塾には、飯田俊徳や、国司仙吉、妻木寿之進、正木退蔵など、敏三郎と同じ11、2歳の塾生もいた。皆将来に夢を抱いて、一生懸命勉学に励む少年たちであった。もし、敏三郎が五体満足に生まれてきていたなら、彼らと同じように将来に夢を描けたのに、と文は弟を不憫に感じるのだった。

◇●□

そんなある日、寿が突然こんなことを文に聞いてきた。

「ねえ文、塾生さんの中で、お気に入りの男子はいないの？」

「えーっ、そんなこと考えたこともないですよ」

「ほんとに？　でも文、大兄（松陰）はあなたのお婿さんを塾生の中から選ぼうとしているみたいよ」

文はぎょっとした。もう15歳になったのだから、千代や寿の嫁いだ年齢を考えると、ぼちぼち縁談があってもまったく不思議ではなかった。しかし、具体的に相手は塾生の中からと聞くと、急に生々しい感じがして、文は顔が火照《ほて》ってくるのを感じた。もっとも以前、文の知らないところで、桂小五郎との婚約話が持ち上がったことがあったようだが、それはまだ文が子供だった時分のことで、その後、この話は立ち消えになっていた。

「私が想像するに、高杉晋作か久坂玄瑞のどっちかだと思うのよ。そりゃ、塾を主宰する大兄が選ぶんだもの。まずは思想的、能力的に優れた者を候補にするはずよ。塾生の中で2人の実力は頭一つ出ているからね。入江杉蔵（九一）、吉田栄太郎（稔麿）あたりも可能性としてはあるけど、やはりあの2人とは差があるわ。まあ、大兄の場合ほかに価値基準がなさそうだし」

「ほかの価値基準って？」

「異性としての魅力とかよ。でも大兄にそんなこと期待しても無駄でしょう。ま、獄中で高須久子と付き合ってからは、少しはましになったかもしれないけど」

「寿姉さん、悪いこと言うのね」

そう言いながら、文は高杉晋作と久坂玄瑞の顔を思い浮かべていた。高杉は、豪傑を絵に描いたような男で、時々塾で文と顔を合わすと、

「どう文ちゃん、今度江向に芝居でも観に行かないか」と不良のように誘いをかけたりする。冗談とは分かっていても、文は顔を赤らめ黙って逃げ出すのが常であった。すると、高杉はそれを面白がって、ますます態度をエスカレートさせるのだった。純情で世間知らずの自分に高杉のような男の妻がとても務まるとは思えなかった。

久坂の方は、幾分常識的な感じではあったが、漢詩や詩吟が得意で声も体も大きく、いつも議論の中心にいる、いかにも頭のよさそうな青年であった。

松下村塾では、月に1回詩会が催されていた。ある時、詩会が引けた後で、寅次郎が久坂に、「久坂、一つ詩吟をやって聞かせい」と命じたことがあった。久坂は得意の中国の詩を音吐《おんと》朗々《ろうろう》吟誦《ぎんしょう》したところ、高杉晋作、入江杉蔵（九一）、寺島忠三郎、品川弥二郎らその場にいた者は皆、感動して聴き入った。と、日頃寡黙な佐世八十郎（前原一誠）が突然、目にいっぱい涙を浮かべて立ち上がり、
「男子の本懐は正にそこじゃ！」と一言大声で叫んだ。座の者は皆びっくりして佐世を見やったが、次の瞬間には口々に「そうじゃ、そのとおりじゃ」と叫びあって、場は騒然となってしまった。

この時、文は、寿とともに煎り豆と番茶を皆に出そうとしていたところであった。横で寿が呆れた顔でこう言ったのを覚えている。
「ほんとに、お酒も飲まずによくこんなに盛り上がれるわね」

文には、久坂に限らず、こういう熱い思いを抱いた男の妻として、夫を支えていくことができるだろうか、という不安に取りつかれたのだった。

煮え切らない態度の文を見て、寿は突拍子もないことを言った。

松下村塾の講義室〈山口県萩市椿東〉

「どうしたのよ、気に入らないの？　やっぱりあなた、ほかに好きな人がいるんじゃないの？　ひょっとして、伊藤とか山県とか」

「まさか」

文は、調子のいい伊藤利助（博文）とむっつりした山県小助（有朋）だけは、いくら兄の命でもお断りしたかった。

◇●□

それから2週間ほどして、寿が予想していたとおりのことが起こった。寅次郎（松陰）が文を呼んで、こう宣告したのである。

「文、お前も年頃じゃ。いい結婚相手がないか探しておったんだが、ようやく決まった。うちの塾生でな、お前もよく知っている人物じゃ」

「それは？」

「それはじゃな」

文は目をつぶった。頭の中を何人かの塾生の名前が駆け巡った。しばしの沈黙が過ぎたあと、

「久坂玄瑞だ」

寅次郎はきっぱりと言った。

文は、そうかぁと思った。想定内の答えだった。

「久坂は年は若いが、その才能は防長年少超一流と評価できる。久坂はこの話をすでに承知してくれた。もちろん、お前も異存なかろうな」

寅次郎にこう念を押されて、断る勇気は文にはなかった。「分かりました」と答えるほか道はなかったのである。

それからしばらく、文は悶々とした日を送った。今で言うマリッジブルーであったかもしれない。そんなある日のこと、夕方になっても敏三郎が家に帰らなかった。文は心配になって辺りを探し回った。事故に遭ったとしても、敏三郎は助けを求めることができないのだ。周囲は暗くなりはじめ、いよいよ焦りを感じ始めた時、ふと聞き覚えのある詩吟の唸りが聞こえてきた。

と、暗闇の向こうから2つの人影が近づいてくる。玄瑞と敏三郎であった。文は急いで2人に駆け寄ると、敏三郎の肩を両手でゆすって言った。

「いったい、何処へ行ってたの。心配するじゃないの」

「これは文さん。敏さんと団子岩の上まで登ってたら、余りに星空がきれいなもんだから、つい2人とも見とれてしまって……」

敏三郎に代わって玄瑞が答えた。

「久坂さん、あなたが付いていながら、困るじゃないですか。敏三郎は普通の子とは違うんですすよ」

文は珍しく気色ばんで玄瑞を非難した。

「誠に申し訳ない。でも、あまり敏さんを特別扱いしないほうが、いいんじゃないですか」

「あなたに何が分かるんですか。耳も聞こえず話もできない敏三郎は、人様に迷惑をかけないようにして、ひっそりと暮らしていくしかないんですよ」

「それは、どうかな。あなたがそう思い込んでいるだけじゃないですか」

「何ですって」

「世の中には、体が不自由でも立派に社会の役に立っている人はいくらでもいます。高取藩の谷三山《たにさんざん》は、9歳で目と耳を患い、弱視の聾者になったが、独学で儒学を修めて、興譲館という私塾を開いているし、芸州の宇都宮黙霖《もくりん》は、21歳の時大病で聾唖者になったあと、本願寺の僧籍を得て諸国を巡り、勤王の志士に大きな影響を与えています。だから、今から敏さんの可能性を摘んでしまうのはもったいない話ですよ。あなたも敏さんが利発なことは、私なんかよりずっとよくご存じでしょう」

そう言われると、文は二の句が継げなかった。玄瑞の言う通りかもしれないと思った。敏三郎の方を見やると、性格の優しい彼は、文に心配をかけたことに対する申し訳なさを、表情いっぱいに表していたが、その底には玄瑞と過ごした充実した時間への満足感が透けて見えるように思えた。

玄瑞は、文と自分との結婚に関しては一切触れなかった。文も敢えて問わなかったが、この時、文は初めてこの男との結婚を現実のものとして受け止めることができたような気がした。

安政《あんせい》の大獄《たいごく》

弾圧に憤る松陰を諌める千代

文が久坂玄瑞と結婚したのは、安政4年（1857）12月のことであった。久坂は両親兄弟を早くに亡くしていたこともあり、当面2人は小新道の家で、杉家の家族と一緒に暮らすことになった。

この年、松下村塾は増え続ける塾生に対応するため、増築工事を行っている。7月に着工、完了したのは11月5日であった。工事といっても実際仕事をするのは、塾生たちである。彼らは、大工仕事や土石の運搬など各々の得意分野に応じて労役に携わった。ちなみに、総監督は中谷正亮で、品川弥二郎と山県小助（有朋）は屋根葺きに従事したと言われる。もちろん、寅次郎（松陰）もこれに参加し、品川が誤って寅次郎の顔に土を落とした時、寅次郎は怒りもせず、師の顔に泥を塗るなよ、と冗談を言ったこともあったらしい。

安政の大獄

ともあれ、塾生の母親代わりでもある瀧の仕事は増える一方であり、千代は母を手伝うため、寿同様たびたび実家を訪れるようになった。千代は長男・萬吉に続いて長女・寿子を授かっていたので、子連れで帰ることがほとんどだった。それがまた、百合之助や瀧には楽しみだったようだ。

安政5年（１８５８）2月、新婚間もない玄瑞は、藩命により、新妻を置いて江戸・京都へ遊学の旅に出た。その頃には、松下村塾生の能力の高さは、藩でも評判になっていて、玄瑞に続いて何人かの塾生が遊学を命じられていた。しかし、開国か攘夷かで国論が二分される中、遊学と言っても、半分は政治活動と呼ぶべきものであった。黒船来航以降、幕府の弱腰に乗じて朝廷が力を持つようになり、そこへ開国に関わる2つの問題が浮上して、全国から尊王攘夷派の志士たちが京都に集まっていた。2つの問題とは、将軍継承問題と通商条約締結問題である。

第13代将軍・家定は、体が弱く実子もなかったことから、就任中から後継者を誰にするかが問題となり、紀伊藩主・慶福《よしふく》（家茂《いえもち》）を推す南紀派と、元水戸藩主・徳川斉《なり》昭《あき》の子・一橋慶喜《ひとつばしよしのぶ》を推す薩摩藩主・島津斉彬《なりあきら》ら一橋派が対立するようになった。通商条約のほうは、安政5年（１８５８）2月、老中・堀田正睦《まさよし》が、勅許を得るべく上洛するが、条約の条項に不平等な内容が含まれていたこともあって、岩倉具視《ともみ》ら公卿

88名が抗議し、頓挫してしまう。

この2つの問題は複雑に絡み合い、一橋派が送り込んだ、越前の蘭学者・橋本左内や薩摩藩の西郷隆盛らが、在京の活動家である梅田雲浜《うんぴん》や梁川星巌《やながわせいがん》らとともに公卿らへの工作活動を強めていた。こうした動きを、長州藩としても座視することはできなかった。

◇●□

玄瑞は、2月に京都に入るとすぐ、梅田雲浜や、梁川星巌、頼三樹三郎《らいみきさぶろう》らと交流し、開明派の大原重徳《しげとみ》卿とも会って、今後の計画を練っている。星巌は、以前寅次郎（松陰）がロシア艦への密航を企て江戸から長崎に向かう途中、京都を訪れた際に面会したことのある人物であった。その後、寅次郎は自ら著した『対策』『愚論』を星巌に送り、星巌はそれを懇意の公卿を通じて天皇に供している。

梅田雲浜とも寅次郎は、米艦密航未遂事件前に江戸でほかの同志たちも一緒に花見をしているし、彼が長州に来た時には松下村塾に立ち寄り、寅次郎と会談したうえ、塾の額面の揮毫《きごう》までしている。この2人と寅次郎はそんな親密な間柄だったから、おそらくは玄瑞と彼らとの間を、寅次郎が何らかの形で取り持ったのだろう。

ともあれ、玄瑞はこうした重要な任務を負っていた。そのせいであろう、新妻・文への便りも滞りがちであった。

千代は沈みがちな文が可哀相になって、慰めの声をかけると、文は決まって、

「長州のため、日本の国のために頑張っているんだもの、寂しいぐらい辛抱しなきゃ」

と健気に答えるのだった。

寅次郎は、萩にあって条約締結問題に多大な関心を抱いていた。西欧と通商条約を締結し植民地化されていった清国を例にとり、絶対反対を主張していたのである。しかし、安政5年（1858）4月23日、南紀派の井伊《いい》直弼《なおすけ》が大老になると、6月には日米修好通商条約の無勅許調印を行い、将軍継承問題についても、自ら推す慶福（家茂）を第14代将軍の座に就けてしまった。

井伊は、条約締結を非難する徳川斉昭や一橋慶喜らの一橋派に対し、謹慎や登城禁止の処分を行った。さらに、安政5年（1858）8月、条約の無許可締結に立腹した孝明天皇が、攘夷推進の幕政改革を求める勅許を水戸藩に出すと、井伊は反井伊派への徹底した弾圧を開始する。

同年9月、直弼の腹心・長野主膳に梅田雲浜、橋本左内が逮捕され、伏見獄に収容されたのを皮切りに、上洛した老中・間部《まなべ》詮勝《あきかつ》によって、尊攘派の志士・浪士のみな

京都長州藩邸跡に立つ桂小五郎像〈京都府京都市中京区一之船入町〉

らず公家やその家臣までが検挙された。いわゆる「安政の大獄」の始まりである。

雲浜の門下でもあった松下村塾生・赤禰武人も、雲浜とともに逮捕されるが、ほどなく許されて帰国した。赤禰は、雲浜が捕縛されるに際し、全国から彼に寄せられた書状を焼き捨て、証拠を隠滅したと言われる。

◇●□

この頃、千代は寅次郎（松陰）の様子がはっきり変化したと感じていた。寅次郎は、京都から帰国した塾生たちから、井伊による弾圧の様子を聞くたび、憤懣やるかたない表情を見せた。幸い長州藩から逮捕者は出ていなかったが、寅次郎は、それをむしろ恥ずべき事と思っている風であった。

寅次郎は、塾生たちに向かって、今こそ立ち上がるべき時だ、と叱咤激励した。松浦亀太郎（松洞）に命じて、井伊と通じていた紀伊新宮藩主・水野忠央《ただなか》の暗殺を示唆したということが、千代の耳にも入った。もはや蟄居の身であることさえ、彼の頭からは吹き飛んでしまっているようであった。

そんな寅次郎に、百合之助も瀧も梅太郎も、意見する気配は見られなかった。ある日、千代は寅次郎に向かって語りかけた。

「大兄、このところ御機嫌が優れないようですね」

「京や江戸の様子を聞くにおよび、平静でなどいられるものか。女のお前には分からぬだろうが、男には命を投げ打ってでも、行動を起こさねばならぬ時がある」

「そういうものですかね。でも大兄の場合、その〝時〟とやらが多過ぎはしませぬか。脱藩なされた時も、密航を図られた時も、死ぬ覚悟で、とおっしゃってました」

「そうじゃなあ、しかし私の場合『二十一回猛士』を自称しておるから、これまでに東北旅行のための脱藩、士籍剥奪後の藩主への意見具申、国禁を破っての密航未遂と3回『猛』を実行してきたので、まだあと18回はそうした機会が訪れよう」

寅次郎はかねてより、生家の「杉」の字が、「十」と「八」と「三」からできていて、足すと「二十一」になり、また現在の姓である「吉田」の字も、「十」、「一」、「口」、「十」、「口」からなり、「口」2つを「回」とすると、これも足して「二十一回」となり、さらに名前の寅次郎の「寅」は「虎」に通じ、虎の徳は「猛」であることから、「二十一回猛士」と号していた。すなわち、寅次郎は、生涯に21回の「猛」を振るうことを、自分に課していたのである。

「まあ、そんな勝手なことを言われて。でも、大兄1人ならそれでいいかもしれませんが、こたびは塾生にもいろいろと命令を発しておられましょう？　玄瑞さんはその先頭に立っておられるようですし、文も随分と案じております。あの子の気持ちを思うと……」

「千代、私はいつも申しておろう。もののふの妻となった以上、どんな事態になっても耐える覚悟が必要だと。もはや、諸侯も公卿も頼りにならぬ。草莽崛起《そうもうくっき》（志を持った在野の人々が日本の変革のため立ち上がること）を望むしかないのだ」

そう言って、千代を睨んだ寅次郎の目は、これまでの優しい兄のものとは違い、どこか殺気走って見えた。千代には、もはや寅次郎は、何か得体のしれない憑《つ》き物に憑かれているとしか思えなかった。

その後、寅次郎の言動はさらに激しさを増していった。塾生の伊藤伝之助に命じて、大原卿の長州西下を画策したり、赤禰武人をして、伏見獄を破り梅田雲浜らを救出させようとしたり。そして11月には、老中・間部詮勝を京都で要撃する計画を立て、同志17名と血盟を行い、あろうことか藩の実力者である周布政之助と前田孫右衛門《まごえもん》に対して、クーホール砲3門、百目玉筒5門、三貫目鉄空弾20、百目玉鉄100及び合薬5貫目を貸下げてくれるよう依頼までしている。

その頃、久々に京都から萩へ帰ってきた玄瑞を捕まえて、千代は頼み込んだ。

「近頃、大兄の言動が、常軌を逸して過激になってきているように思えてなりません。

父や梅兄は何も申しませんが、私や文は大変心配しております。もし、あなた様に何かあれば、文がどんなに悲しむことか。どうか、文のことを思いやって、自重してくださいませ」

「姉上の御心配は当然のことです。先生の言われておられることは正論です。でも、今の時期にそのような行動を起こすことが、長州にとって、いや日本にとって得策かどうか。私も高杉も少し疑問に思っておるところです。文には苦労を掛けておりますが、彼女を悲しませるようなことは絶対しないつもりです。どうぞ妻を支えてやってください」

さすが防長年少超一流と言われただけの秀才である。冷静に国家の情勢を認識している、と千代は感じた。

刑死《けいし》

父母の夢枕に現れた松陰

安政5年（1858）の年の瀬も押し迫った12月26日、藩政府は、「松陰学術純ならず人心を惑わす」という罪名で、寅次郎（松陰）を野山獄へ再投獄した。長州藩としては、これ以上、寅次郎の言動を放置して幕府の耳にでも入れば、どんな処分を受けるかわかったものではない、という危惧があったに違いない。それは、玄瑞や高杉の考えともそう違わないものだったかもしれない。

ただ、純真な門下生たちはこの処分に納得できなかった。入江杉蔵（九一）、寺島忠三郎、品川弥二郎、吉田栄太郎（稔麿）、佐世八十郎（前原一誠）ら8名が、寅次郎の投獄を不服として、藩政府に撤回を求める騒動を起こしたのだ。しかし、逆に8名とも挙動不穏として、謹慎処分を言い渡されてしまう。

寅次郎は寅次郎で、年が明けて1月24日、獄中において絶食、今で言うハンガーストライキに入った。その少し前、間部詮勝暗殺の企てに対し、江戸にいた玄瑞や高杉らから、寅次郎に思いとどまるよう諌める手紙が届き、それを見た寅次郎は、「僕は忠義をなすつもり、諸友は功業（手柄）をなすつもり」と慨嘆して、彼らとの絶交を宣言した。寅次郎にとって絶食は、師の意向に反して勤王倒幕運動は時期尚早とする門下生に対し、自分は死をもって尊攘を達成するとの決意表明なのであった。

これを聞いた杉家の人々は、愕然とする。このままでは寅次郎は獄中死してしまうと。翌日、百合之助、瀧、文之進の3人は、それぞれ渾身《こんしん》の思いを込めて寅次郎に手紙を書き、門人の増野徳民《ましのとくみん》に頼んで獄中へ届けてもらった。

瀧は手紙の中で、自分は最近病が多くて、弱ってきている。このままでは、長生きも難しそうだが、お前が野山獄に投獄されていても、無事でさえいてくれたら、自分にとって勢にもなり力にもなる。だから、絶食のような短慮は絶対にやめるようにと説得した。

瀧には、今の寅次郎は思い通りにならぬ現状に拗《す》ねているように見えた。小さな時から秀才ともてはやされ、子供らしい遊び一つしなかった寅次郎が、初めて見せる子供っぽい言動であった。瀧は久々に母性をくすぐられたような気がした。拗ねた子供は、諄々《じゅんじゅん》と諭《さと》せば改心するはずだ。案の定、寅次郎は手紙を読むやすぐに前非を悔い、泣き謝りながら水1椀と、瀧が届けた釣柿《つるしがき》1つを口にしたのだった。この時、寅次郎は次の一詩を賦《ふ》している。

断食慮驚父母心
只於酒肉自為箴
平生交友情皆絶
憂国思兼夜漏深

断食、父母の心を驚かしたるを慮《おもんぱか》り
只酒肉に於ては、自ら箴《いましめ》と為す
平生の交友、情皆絶《た》つ
憂国の思いは夜漏《やろ》と兼《とも》に深し

しかし、絶食こそ取りやめたものの、寅次郎の過激な発言はその後も変わらなかった。藩主・敬親が参勤交代で伏見を通過する際に、大原三位《さんみ》卿とともに出迎え、京都に誘導して朝廷に攘夷の進言をするという、いわゆる「伏見要駕策」の指令を出す。入江杉蔵（九一）と野村和作（靖）の兄弟がこれに従おうとするが、玄瑞、高杉はじめ門下生の多くがこれに反対した。

結局この計画は失敗し、杉蔵と和作は岩倉獄へ投獄されてしまう。彼らが野山獄ではなく、下牢の岩倉獄に入れられたのは、すでに没していた2人の父親の身分が藩の足軽だったからである。この時、杉蔵23歳、和作はまだ18歳だった。入獄される杉蔵に向かって病身の母・満智は、気丈にもこう言って送り出したという。

「吉田先生でさえ獄中におられるのです。そなたがかような目に遭うのは怪しむに足らないことです」

◇●□

瀧は周囲の状況から、寅次郎（松陰）が前回のように野山獄を出て、再び杉家で一緒に暮らすことはもはやないだろうという予感を持った。そして、悲しいことにこの予感は当たった。安政6年（1859）5月14日、幕府の命により寅次郎の江戸檻送《かんそう》が決まったのである。

いよいよ寅次郎との決別の日が近いと悟った杉家の人々は、それぞれに獄中の寅次郎と手紙のやりとりをした。また、絵心のある塾生・松浦亀太郎（松洞）は、本人の許可を得て寅次郎の肖像画を7枚描き、寅次郎はその1枚1枚に賛を認《したた》めた。

ところがそんなある日、玄瑞が帰宅するや、百合之助と瀧を大声で呼び、先生が江戸へ行かれる前に自宅に一夜お帰りいただけることになりました、と告げた。瀧が玄瑞に詳しい事情を問うと、寅次郎の門人である獄司・福川犀之助《さいのすけ》の計らいによるもので、藩の了解は得ていないらしい。

果たして5月24日、寅次郎は野山獄から実家へ帰ってきた。家族や親戚のほか、多くの塾生が出迎えたのは当然である。もちろん、千代も寿も夫とともに実家に帰って待機していた。早速、瀧が用意したささやかな手料理が出され、けっして酔うことのない小宴が始まった。そのさ中、1枚の白い紙が拡げられた。寄せ書きでもって、江戸に連行される寅次郎を励まそうというのである。

出席者のうち8名が1人1文字ずつ書き、『忠臣報国罪死不悔』という寅次郎を称える一文が出来上がった。さらに寿の夫・小田村伊之助が「金剛山野山中」と記し、最後に寅次郎本人が「武夫《もののふ》の　別れの筵《えん》や　雪の梅」の一句を書き入れた。

瀧は風呂の用意をし、寅次郎を入れて背中を流した。そのやつれた背中を見ながら、瀧は、かつて神童と呼ばれた息子の半生を思いやった。自分の育て方に間違いはなかったのだろうか、という疑念が頭をもたげたが、すぐにそれを心の奥にしまい込んだ。

「寅次郎や、体の具合はどうじゃ」

「大丈夫でございます」

「お前は子供の頃から、体が弱かったゆえ」

「でも、母様のお世話で随分と健康になりました。お蔭で米国へ密航を企てることもできました」

「ほんとに、あれはちょっとやりすぎでしたけど」

寅次郎は少し笑ったようだった。

しばらく置いて、瀧はしみじみと言った。

「寅次郎や、今一度江戸から帰って、元気な顔を見せておくれよ」

「母上様、必ず無事に帰ってお目にかかりますから、御心配は無用です。なあに、幕府の役人も馬鹿ばかりではありますまい。きっと分かってくれる者が何人かはおるはずです」

寅次郎はそう返答したが、瀧にはその可能性は極めて小さいように思われた。彼女は、こみ上げる涙をどうすることもできなかったが、幸い背中を向けた寅次郎に気づかれることはなかった。武家に生まれた身として、いかなる場合でも涙を見せることは恥ずべきこと、と子供たちに幼き時から言い聞かせてきたからである。

翌5月25日早朝、寅次郎は杉家を出て一旦野山獄に戻らねばならなかった。その後すぐに江戸へと護送される手筈になっていたのである。寅次郎が家を出る際、一同が別れを告げていると、養母の吉田久満子が突然、寅次郎を呼び止め、何か形見になるものを書き残してほしいと言う。すると、寅次郎は腰の矢立を取り出し、決死の心境を歌にして、色紙に認めたのだった。

瀧はそれを見て、「私にも何か……」と声を掛けたい衝動に駆られたが、思いとどまった。そんなことをすれば、ほんとうに寅次郎との今生の別れになるような気がしたの

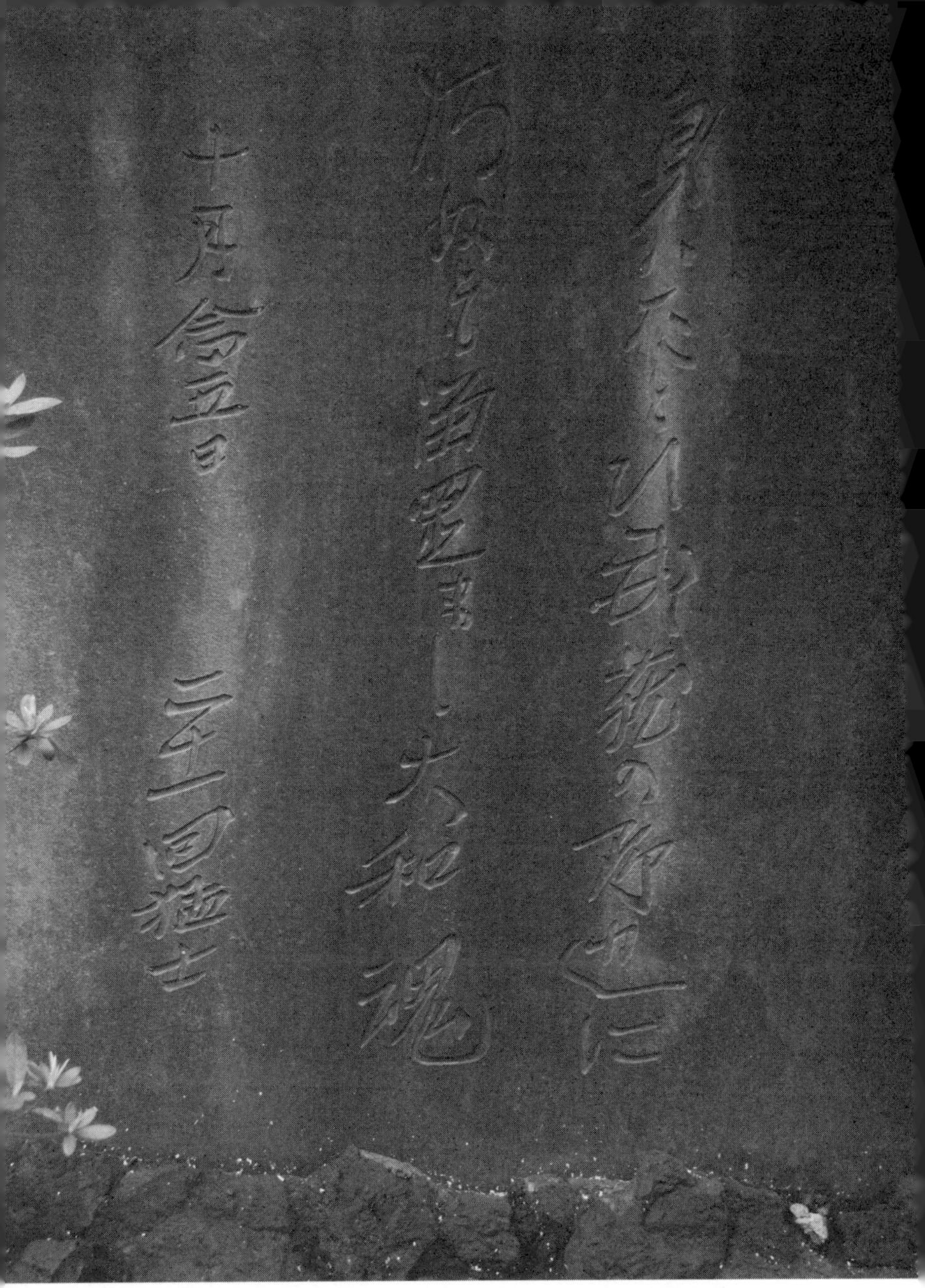

伝馬町刑場跡地に立つ松陰の辞世の句碑〈東京都中央区日本橋小伝馬町十思公園〉

である。
とその時、隣にいた千代が寅次郎の袖に縋《すが》って言った。
「大兄、私たち姉妹にも、何か書いてください」
そうだな、とつぶやきながら、寅次郎は別の色紙に筆を走らせた。

心あれや　人の母たる　人たちよ
　かからん事は　もののふのつね

寅次郎を乗せた檻輿《かんよ》は、そぼ降る雨の中、江戸へ向けて野山獄を出発した。出立に際し、獄中の高須久子は、寅次郎に別れの句を贈った。

手のとわぬ　雲に樗《おうち》の　咲く日かな

これに応えて、寅次郎は次の句を返している。

一声を　いかで忘れん　郭公《ほととぎす》

2人の間には、やはりプラトニックな心の交わりがあったのだろう。
寅次郎護送の一行が、萩のはずれにある老松のところまで来た時、寅次郎は萩の町を眺めながら次の歌を詠んだ。

かえらじと　思ひ定めし　旅なれば
　ひとしおぬるる　涙松かな

この老松は「涙松」と呼ばれ、名前の謂《いわ》れは、京都や江戸へ行く藩士がここで家族と涙の別れをするから、とされるが、関ヶ原の合戦後、毛利氏の所領が１２０万石から37万石に減封された際、家中の者がここで号泣したからという説もあるようだ。ともあれ、寅次郎はこの歌の通り二度と萩の地を踏むことはなかった。

◇●□

寅次郎（松陰）が、江戸伝馬町の刑場で処刑されたのは、安政6年（１８５９）10月27日のことであった。遺骸は、門下生の桂小五郎、伊藤俊輔（博文）らによって、小塚原回向院に埋葬された。その知らせが萩の杉家に届いたのは20日ほど経ってからである。しかるに、瀧と百合之助は不思議な体験をしていた。

梅太郎と敏三郎が揃って流行《はや》り病に罹《かか》り、瀧は百合之助とともに床に臥《ふ》せる2人を看病しながら、ついうたたねをしたことがあった。その時、瀧は寅次郎の夢を見たのである。

「母上、ただいま帰りました」

玄関先に突然現れた寅次郎を見て瀧は驚いた。

「おや、寅次郎、随分早いお帰りだねえ」

「はい、幕府の役人に勤王の意味について講義をいたしましたら、それはそのとおりじゃ、と皆申しまして、すぐに帰国の手配をしてくれました」

「そうかい、そうかい、それはよかったねえ。どおりで血色もいいじゃないか」

「ええ、母様お風呂は沸いていますか？　旅の汚れを落としたくて」

「沸いているよ。また背中を流してやろうか」

「ありがとうございます。では」と答えたものの、寅次郎は急に踵《きびす》を返して、玄関から出ていった。

「これ寅次郎、風呂はこっちじゃないか。何処へいくの」

瀧は表へ出て、寅次郎を追いかけ、追いつこうとするが、その姿はどんどん小さくなっていく。

「寅次郎、おい寅次郎や」と何回か叫んだところで瀧は目が覚めた。

ふと、隣を見ると、百合之助が寝ぼけ眼で、ぼんやりと座っている。瀧は今見た夢のことを百合之助に話した。すると、百合之助は急に眼を見開いて言った。

「わしも今、ヘンな夢を見ておった」

「どのような夢でございます？」

「それが、首を落とされる夢でな」

「まあ、首を落とされるって、いったい誰の？」

「わしのじゃ、わしの首がこうポトンと……」

百合之助は頭を両手で抱える仕草をした。

「ポトンって、縁起でも無い」

「しかし、不思議なことに、首を落とされながら、わしはとても心地が良かったんじゃ」

「へえ、それはまた」

奇妙な夢だと感心しながら、ふと瀧の心に暗い影がよぎった。

「2人揃ってこんな夢を見るなんて、江戸の牢獄にいる寅次郎の身に何かあったんじゃやないでしょうか」

「まさか、そんなこともあるまい」百合之助は取り合わなかったが、瀧はどうしても一抹の不安を拭い去ることができなかった。

あとで聞くと、瀧と百合之助が夢を見たのは、寅次郎が処刑された同じ日の同じ時刻だった。瀧は親思いの寅次郎が、夢枕に立ったに違いないと確信したのであった。

寅次郎の容疑は、前年梅田雲浜《うんぴん》が萩を訪れた際、雲浜と不逞《ふてい》の密議を交わしたのではないか、というのと、御所の廊下に不審な落とし文があったが、それを作文したのではないか（筆跡が寅次郎と似ていたらしい）、という2つであったが、これらの疑いはすぐに晴れた。

しかし寅次郎は、まだ幕府が掴んでいなかった間部暗殺計画について自ら吐露し、幕府としてはこれを看過《かんか》することができず、死罪を申し渡したのだった（流罪相当とされていた具申書を見て、井伊大老が朱筆で「流」を「死」に書き改めたという説もある）。それを知った時、瀧は込み上げる嗚咽《おえつ》をこらえることができなかった。免れようと思えば免れられたのに……。やはり、自分たちの育て方は間違っていたのかもしれない。昔、文之進の体罰を逃げることなく甘んじて受ける寅次郎の、その要領の悪さに歯がゆい思いをしたことが、ふと頭に蘇《よみがえ》って来たのである。

叔父・玉木文之進と兄・梅太郎の連名に宛てた、寅次郎最後の手紙には、次の歌が認められてあった。

親思う　心にまさる　親心
今日の音ずれ　何と聞くらん

和歌《わか》と流行歌《りゅうこうか》

文と玄瑞のままならぬ新婚生活

寅次郎（松陰）の処刑後、杉家の関係者は様々な形で処分を受けた。父・百合之助は、監督不行届きで退隠を命ぜられ、兄・梅太郎が杉家の家督を継ぐことになったが、その梅太郎も免職処分を受けた。また、叔父・玉木文之進、従弟・久保清太郎、千代の義父・児玉太兵衛も、親戚として監督不行届きの廉《かど》で「遠慮《えんりょ》」を申付けられた。遠慮とは、当時過失のあった武士に科せられたもので、居宅の門を閉じさせ昼間の外出を禁じる、軽い謹慎刑であった。

一方、寅次郎の死後100日目に当たる万延元年（1860）2月7日、杉家では玄瑞ら寅次郎の門下生が杉家に集まり、百日祭が催された。小宴のあと、団子岩の墓地に寅次郎の前髪が葬られた。文は墓前で、夫・玄瑞と手を合わせながら、玄瑞が小さくつぶやくのを聞いた。

「先生の志、必ずやこの玄瑞が成し遂げてみせまする……」

寅次郎は処刑の前日、獄中で『留魂録《りゅうこんろく》』を書き上げ、自らの思想を後進に託していた。その冒頭は、

身はたとひ　武蔵の野辺に　朽ちぬとも
留め置かまし　大和魂

という歌で始まっていた。また文中には、我が志を表すものとして孟子の「至誠にして動かざる者は未だ之れ有らざるなり」という一句が記してあった。

この弔い行事は、玄瑞のみならず、参列したすべての門下生に何かを決意させたのかもしれない。実際、寅次郎の遺志を継ぐように、門下生による過激な政治活動がすぐに展開されていくのである。そして、その先頭に立ったのが、恩師・寅次郎から死の直前に、「功業をなすもの」として批判を受けた、久坂玄瑞本人であった。

百日祭から約1月後の3月3日、桜田門外で井伊直弼が、水戸藩脱藩浪士らによって暗殺される（桜田門外の変）。その結果、幕府の権威はますます失墜し、それと反比例するように朝廷の発言力が増していった。以後、「禁門の変」までの4年余りが、最も尊王攘夷運動の活発化する時期だが、正にその間、玄瑞は八面六臂《はちめんろっぴ》の活躍をするのである。

この年の夏、玄瑞は英学修業のため萩を出て江戸に上り、幕府の通詞《つうじ》（公式の通訳）・堀達之助の塾へ入った。当時老中・安藤信正《のぶまさ》は、幕府の権威回復のため公武合体運動を進めており、その一環として皇女和宮（孝明天皇の異母妹）の将軍・家茂《いえもち》への降嫁を図り、すでに勅許を得たところであった。

公武合体の流れの中で、翌文久元年（1861）5月、長州藩では直目付・長井雅楽《うた》の唱える「航海遠略策」が藩の方針とされた。これは公武が協力して、欧米との対決を避けながら、海外進出するという現実的な考え方で、朝廷、幕府双方から好意的に受け入れられた。しかし、今や急進的な尊攘派である玄瑞は、この説は幕府に利するものとして、桂小五郎らとともに猛烈な反対運動を展開したのである。

玄瑞は、高杉らと図って、降嫁する皇女和宮の輿《こし》を途中で奪おうとする計画まで立てていたが、実現には至らなかった。そして、文久元年（1861）10月12日、玄瑞は1年数ヵ月ぶりに、文の待つ萩に帰って来た。

「長期間の御出張、本当にお疲れ様でした」

文は、飛び上がりたいほどのうれしさを表情の下に隠し、夫を出迎えた。

「いやあ、僕の方こそ文さんに家を任せっきりで申し訳なかった」と、玄瑞はねぎらってくれたものの、

「長旅で疲れたので、少し休ませてくれないか」と言って、文に布団を敷かすと横になり、すぐに鼾《いびき》をかいて寝てしまった。その寝顔を見ながら、文は志士に嫁いだ自分の運命を呪わないではいられなかった。

玄瑞は、この日から翌年3月23日までの5カ月余りの間萩に留まったが、とにかく忙しくあちこち飛び回って、文とゆっくり過ごす時間はほとんどなかった。

玄瑞が、寅次郎（松陰）亡きあとの松下村塾の経営に力を入れたのもこの頃である。「一燈銭申合」という仕組みをつくり、塾生が稼いだ筆耕《ひっこう》料を溜めおいて、塾存続のための費用に充てるとともに、塾生から入牢者が出た場合の義援金や、「義士烈婦の碑」建立の経費にも使えるようにしたのである。

また、文久2年（1862）1月15日、井伊直弼の跡を継いで、開国路線を進めていた老中・安藤信正が、江戸城坂下門外で6名の水戸浪士に襲われる事件（坂下門外の変）が起こった時など、ちょっと出掛けてくると言って、家を出たまましばらく戻らないこともあった。

そんな玄瑞であったが、ある日珍しく1日家にいたことがあった。文は朝からウキ

ウキした気分で、今日は玄瑞の好物を手によりをかけて作ろうと台所に立った。

〽お釈迦さんでも恋路にゃ迷うたなあー

　何のかのとて御門に立ちたるきまぐれ坊主のずんぼら坊主も……

野菜を刻みながら、文は無意識のうちに、最近の流行歌を口ずさんでいた。と、背中の方から玄瑞の声が聞こえた。

「文さん、僕はそういう歌は余り好きじゃないな。武士の妻は流行歌なんか口にしないものだよ。大体良妻賢母と呼ばれる人は、和歌などを嗜むものです」

久坂はほんとうにいやそうに顔をしかめていた。

文はどうしようもなく悲しくなった。やっと2人きりの時間が持てて、うれしさの余りつい口をついて出たものである。人の気も知らないで、と反発心が湧いた。

「どうせ、私は未熟で良妻などではありませんよ。それに全然きれいじゃないし、秀才で美丈夫のあなたにはふさわしくない女です。私があなたに嫁ぐ時、大兄が手紙をくれました。文は幼稚で劣っていて、久坂の妻には適さないかもしれないって。でも、自ら励み努めればいい妻になれるって。私はその言葉を信じて、この3年間私なりに頑張ってきたつもりです。だけど、やっぱり、無理だったんですね。どうぞ、私などとは別れて、和歌などを嗜むどこぞの武家の美人の娘さんと一緒になってください」

松陰の遺髪が埋められた吉田家墓所〈山口県萩市椿東〉

と一気にまくし立てた。

玄瑞は、文の剣幕にびっくりしたようだった。今の今まで、文がこのような自己主張をする女だとは、思いもしなかったのだろう。さすが先生の妹と感心したかもしれない。

「文さん、僕はそんなつもりで言ったのではありませんよ。ずっと、寂しい思いをさせてほんとに申し訳なく思ってるんです。時勢が落ち着いてゆっくり暮らせるようになった時、2人で和歌のやり取りができたら、どんなに楽しいかと思っただけなんです」

玄瑞の弁明に、文は少し気持ちが静まって、さっきの自分の発言が気恥ずかしくなってきた。

「じゃああなた、私に和歌を教えてくれますか？」

「もちろんですよ。これから毎日特訓だ」

2人の顔にやっと笑顔が戻ったのだった。

◇●□

玄瑞が萩に帰郷中、もう一度、家でゆっくり寛《くつろ》いだことがあった。寿が、長男・

篤太郎と二男・久米次郎を連れて、杉家へ遊びにきた時である。それまでから寿は、文が夫の長期出張で寂しくしているだろうと、ときどき訪ねてくれていたのだ。

篤太郎は8歳、久米次郎は4歳だった。玄瑞は特に久米次郎を可愛がった。肩車をしたり、「ウマ」をしてやったり、随分な可愛がりようだった。

玄瑞はもともと子供好きだった。それは、幼くして親兄弟を亡くした彼の生い立ちが影響しているのだろう、と文は思っていた。

寿たちが帰ってから、玄瑞は文に改まって言った。

「文さん、久米次郎は可愛いね」

「ほんとに。お父さんそっくりだけどね」

「実は、久米次郎を養子にもらえたらいいなと考えているんだが、どう思う？」

玄瑞の突然の提案に、文は虚を突かれたような気がした。

「それって、私に子供ができないから？」

2人は結婚して3年が経っていた。玄瑞は出張がちだったとはいえ、当然子供ができていてもおかしくはなかったのだ。

「そうじゃない。僕も文さんもまだ若い。千代姉上の例もあるし、2人の子供はあきらめていないよ。でも、子供は何人いてもいいと思うんだ。実子でも養子でも関係ない。小田村兄としても、久米次郎は二男だし長男の篤太郎がいるわけだから、相談に乗ってくれると思うんだが」

「そりゃ久米次郎はいい子だし、私たちには甥に当たる訳だから、養子としては申し分ないと思うけど」

「一度、寿姉さんに聞いてみてくれないだろうか」

「まあ、聞くぐらいなら……」

そう文は、気乗りのしない返事をしたが、あとになって考えてみると、玄瑞はすでに自分の命がそう長くはないだろうことを予感して、跡取りの確保を急いでいたのかもしれない。

文久2年（1862）3月23日、玄瑞は再び上洛することになった。出立の日、玄瑞は家の門まで送りに出た文に言った。

「また、寂しい思いをさせるが、家のことはよろしく頼みます」

「心配なさらずともいいですよ。慣れておりますゆえ」

文は皮肉交じりに返答したが、玄瑞には通じなかったようだ。

「それから、久米次郎の件、是非とも小田村家へ打診してみてください」

「分かっておりますよ、必ず。それと」

「それと？」

「和歌の勉強も続けますね」

「はは、よい心掛けです。上達を楽しみにしていますよ」

何処かから、沈丁花《じんちょうげ》の香りが漂ってきて、微笑む2人を包んだ。

養子《ようし》

寿の二男をもらう文夫妻

玄瑞が再訪した文久2年（1862）の京都は、今や尊攘の嵐が吹き荒れていた。玄瑞もその渦中に巻き込まれていく。というか、むしろ中心的人物として、尊攘派の志士たちの過激な活動を引っ張っていった。

早速4月には、「航海遠略策」の提唱者で、公武合体を進めようとする長井雅楽の暗殺を計画。しかし、事前に長井側に察知され、計画は失敗に終わった。行動を共にしていた松下村塾生・松浦亀太郎（松洞）は、憤慨して京都粟田山で切腹した。寅次郎（松陰）の肖像画を描いた芸術家の彼は、自決することで自らの美学を貫こうとしたのかもしれない。

玄瑞は、京都藩邸に自首し、藩邸近くの法雲寺に幽閉されることになった。文久2年（1862）のひと夏を玄瑞は法雲寺で蟄居したが、その間、桂小五郎らが藩主・

敬親を説き伏せ、長州藩の藩論は「航海遠略策」から周布政之助が主張する「破約攘夷」に変更された。破約攘夷とは、井伊大老が勅許なしに結んだ日米修好通商条約を破棄し、攘夷を実行するという意味である。これで玄瑞ら急進的な尊攘派が主導権を握ることになったが、そのために、桂小五郎の義弟で、かつて寅次郎のよき理解者でもあった来原良蔵が、航海遠略策を支持していたがために、江戸桜田藩邸で自刃に追い込まれるという事件も起こった。

玄瑞は9月15日に謹慎が解かれると、諸藩の志士と連絡を取り、攘夷決行へと活動を加速させていった。12月には江戸に下り、高杉晋作とともに松陰の門下生を率いて、品川御殿山の英国公使館を焼き討ちにしている。この時の襲撃メンバーは、隊長が高杉晋作、副隊長が玄瑞で、火付け役が井上聞多《もんた》（馨《かおる》）、伊藤俊輔（博文）、寺島忠三郎、護衛役が品川弥二郎、堀真五郎、松島剛蔵、斬捨て役が赤禰武人、白井小助らで、松下村塾オールスター総出演の趣であった。ちなみに松島剛蔵は、寿の夫・小田村伊之助の実兄である。井上聞多は塾生ではなかったが、藩校・明倫館で学んだあと江戸で伊藤俊輔と知り合い、行動を共にするようになっていた。

◇●□

この年、文は毎月のように玄瑞に手紙を出したが、彼から返事が来るのは2回に1回ぐらいだった。その内容は、杉家関係者が息災かを尋ね、実家の墓参りなどを依頼するといったものだったが、たまに彼が見聞きした「感心な女性たち」に関することが認めてあった。

たとえば、安政の大獄の最初の犠牲者である薩摩藩士・日下部伊三次《くさかべいそうじ》の妻・お静や、久留米の真木和泉《まきいずみ》の娘・お棹《さお》、儒学者・梅田雲浜の姪・富子、坂下門外の変に加担した児島強介の妻、兄たちが留守の間、病気の母を支えた入江兄弟の妹・すみ子などである。玄瑞は暗に、こうした女傑・烈婦、あるいは健気《けなげ》な娘らの志と品性を目標にせよと言いたかったのだろうが、文には自分とは次元が違い過ぎて真似のしようもない女性ばかりだった。ちなみに、入江すみ子は文久3年（1863）の春に伊藤俊輔（博文）の妻となるが、3年後には離婚している。

ただ玄瑞は、彼女たちの善行とともに、彼女らが詠んだ和歌も一緒に紹介してくれることがあって、これは文にとって有り難かった。彼女が玄瑞と約束した和歌の勉強に、大いに役立ったからである。

梓弓《あずさゆみ》　はるは来にけり　武士《ますらお》の
花咲く世とは　なりにけるかな
（真木和泉の娘・お棹）

在りし世の　ことこそ思へ　懐かしな
花橘《はなたちばな》の　咲くにつけても
（梅田雲浜の姪・富子）

文久3年（1863）に入ると、時局はますます急展開する。将軍・家茂が上洛、天皇の上賀茂・下鴨神社への攘夷祈願に随従し、4月にはついに攘夷期限を本年5月10日とする旨、天皇に上奏した。その裏には、玄瑞ら長州藩を筆頭に諸藩の尊攘志士の圧力があったのはもちろんである。家茂が上賀茂神社に向かう際、賀茂川沿いで見物していた高杉晋作が、家茂に向かって「よっ、征夷大将軍！」とヤジを飛ばしたという有名な話もある。

攘夷期限が決まると、玄瑞は京都にいた長州の志士たちとともに帰国したが、萩の自宅に立ち寄ることはできなかった。下関の光明寺に駐屯し、高杉らと光明寺党を結成し、攘夷決行に備えねばならなかったのである。文は、玄瑞が滞在先の周防から出した4月25日付けの手紙を受け取ったが、そこには萩まで帰れないことを詫びる内容が綴られてあった。

5月10日、予定通り長州藩（光明寺党）は、馬関海峡を通る米・仏・蘭の外国船を攻撃し、攘夷を決行した。しかし、それから半月後、米仏の軍艦が同海峡の長州軍艦に報復攻撃を行い、長州藩は甚大な被害を受けた。この結果、藩政府は高杉晋

外国船の攻撃に使用された長州砲（カノン砲）のレプリカ〈山口県下関市みもすそ川公園内〉

作に下関の防衛を命じ、高杉は光明寺党を母体に、身分を超えた500名余りからなる「奇兵隊」を結成したのである。奇兵隊には、山県狂介（有朋）、赤禰武人、滝弥太郎、飯田俊徳、時山直八、渡辺蒿蔵など多くの松下村塾生が参加した。

その後、再び上洛した玄瑞は、長州藩や公卿の急進派と連携し、天皇の大和行幸、攘夷親征を画策した。その甲斐あって一旦は奉勅が発せられる。ところが、孝明天皇が討幕的な動きを嫌っていたこともあり、会津・薩摩藩らが公武合体派の公卿と謀って、急遽大和行幸は取りやめとなった。その上長州藩は、御所の警備から外されてしまったのである。世に言う「八月十八日の政変」であった。

三条実美《さねとみ》ら7人の急進派公卿は、長州兵に守られて長州へと西下することになった（七卿落ち）。玄瑞は一行に兵庫まで同行するが、そこから京へと引き換えし、桂小五郎らと巻き返しの闘争を開始した。

◇●□

そんな緊迫下の8月29日、玄瑞は文に手紙を寄越した。18日の政変への憤りと口惜しさを綴ったあと、久米次郎の養子の件について、小田村兄らによろしく取り計らってもらうよう再度頼み込んでいる。文はこんな大変な時に、と苦笑いしたが、こんな時だからこそ夫は跡取りのことが気になって仕方がないのかもしれなかった。

やがて、元治元年（１８６４）の正月が来た。この時までに、玄瑞の希望通り、久米次郎は久坂家の養子になっていた。在京の玄瑞は、1月19日付けの文への手紙とともに、久米次郎にお年玉として、童服と小袴を送っている。

「久米次郎、義父さんが、お年玉を送ってくださったよ」

「ほんとに！」

今年6歳になる久米次郎も、自分が叔母夫婦の子供となったことを、それなりに理解しているようであった。久米次郎はこのあと、一度だけ義父とまみえる機会を持つことになる。

正月から2月にかけて、藩論は沸騰し、会津・薩摩を討つため京へ出兵すべし、との声が高まったが、玄瑞はまだ慎重だった。3月19日に帰国すると、山口で藩主父子に会い、今は出兵すべき時ではないことを進言している（前年4月以降、藩主は萩から山口へ居を移していた）。

この時も、玄瑞は萩へ帰ることができず、1週間後山口から京に戻った。ただ、山口から文へ手紙を寄越し、急ぎの仕事のため萩へ帰れないことを詫びるとともに、久米次郎が無事に暮らしていることを喜び、1日も早く成人して役に立つ人間になるよう日夜祈っている。そのためには親の育て方が肝心だから、くれぐれも気を配るようにと付け加えてあった。

文は、久米次郎の人間形成が自分の教育にかかっていると言われ、身の引き締まる思いがしたが、一方で、何か玄瑞の身にとんでもない危険が迫っているような不安を覚えたのであった。

6月、玄瑞は再び帰国した。京における会津・薩摩両藩の跋扈《ぼっこ》ぶりや新選組の乱暴は目に余るものがあり、いよいよ世子（毛利敬親の養子・定広）の進発を上申するためであった。今回も、仕事の都合上、玄瑞は萩まで帰れそうになかった。しかし、玄瑞の久米次郎に会いたいと思う気持ちは抑えがたいものがあったのだろう。山口の宿まで、久米次郎を呼び寄せたのだった。当時としては、武士が出張先に妻を呼ぶなど、めっそうもないことである。したがって文は、久米次郎に付き添えず、夫と対面することは叶わなかった。

久米次郎は山口に1泊して帰って来た。文は、久米次郎を捉まえていろいろ聞き出そうとした。

「お義父さん、元気だった？」

「うん」

「どんなお話をしたの？」

「いろいろ」

「いろいろって？」

「あ、こんど僕の大小を大坂で買ってきてくれるって言ってたよ。今日は間に合わなかったけどって」

「そう、それは楽しみね」

「うん。それから僕、お義父さんと一緒に寝たんだ」

「そう、一緒に寝たの」

そう答えて、文は久米次郎を優しく抱き寄せた。少しでも夫の残り香が感じられるのではないかと、淡い期待を抱いたのである。

数日後、玄瑞から6月6日付けの手紙が届いた。久米次郎との対面について、本当に嬉しそうに綴られてあった。玄瑞からの手紙はそれが最後であった。

長州藩が京での失地回復を狙った「禁門の変」で玄瑞が自刃したのは、これより1月余りのちの元治元年（1864）7月19日のことであった。

内戦《ないせん》

囚われの身となった寿の夫

玄瑞の死後、文は実家に帰り、久米次郎は久坂家の養子のまま、実父母のいる小田村家へ引き取られた。寿は、二男・久米次郎と再び同じ屋根の下で暮らせるようになって、うれしくないはずはなかったが、このいたいけな男児が大人の都合で、両家の間を行ったり来たりするのを、本当に申し訳なく思った。

文が帰ってから、杉家では前にもまして「女因《ちな》み会」が開かれるようになった。女因み会というのは、親戚女子の勉強会と懇親会を兼ねたようなもので、婦人教育の重要性を主張していた寅次郎（松陰）が生前に始めたものであった。

メンバーの常連は、瀧、梅太郎の妻・亀、千代、寿、文である。講師として、百合之助や梅太郎、寿の夫・小田村伊之助が呼ばれることが多かった。ちなみに伊之助は、禁門の変のあと、公命により「小田村素太郎」と改名している。

この女因み会で、寿たちは長州藩や幕府、朝廷の動静をある程度学ぶことができた。禁門の変についても、素太郎らから次のような経緯を聞くことができたのである。

事変の1月余り前の6月5日、長州を含めた多くの尊攘志士たちが、新選組に襲われ死傷するという「池田屋事件」が発生し、それがきっかけになったこと。同事件の死亡者の中には、松下村塾生の吉田栄太郎（稔麿）、杉山松助がいたこと。

目的は、あくまで会津・薩摩藩などの公武合体派を京から排除し、朝廷に長州藩の罪の取り消しを願うものであったこと。

長州軍は、伏見・嵯峨・山崎の三方から京都を包囲するが、玄瑞は朝廷の退去命令を受け、一旦兵庫まで引き、世子・定広の到着を待って対策を講じようと主張したのに、来島又兵衛《きじままたべえ》や真木和泉の強硬論に押し切られてしまったこと。

鷹司《たかつかさ》邸に入った玄瑞は、在宅していた鷹司卿に参内同行を嘆願するも、聞き入れられなかったこと。今はこれまでと悟った玄瑞は、入江杉蔵（九一）に後事を託して寺島忠三郎とともに鷹司邸で自刃したこと。その入江も逃げ切れずに自害したこと。

来島は蛤御門で薩摩藩の銃撃隊に胸を撃たれその場で自刃、真木は兵を率いて山崎の陣地まで逃げ延びるが、追討を受け天王山で自刃したこと。

この戦いで市中2カ所から火災が発生、折からの強風に煽られ3万戸が焼失し、京の都は焼野原と化してしまったこと、などである。

これらを知った時、文は声を上げて泣きじゃくった。悪い偶然が重なりさえしなければ、夫は生きて帰れたのに、という悔しい気持ちの表れだったのだろう。しかし、禁門の変は大きな幕末の嵐の序章にしか過ぎなかった。その後、次々と劇的な事件が起こり、寿たち杉家一族も否応なくそれに巻き込まれていくのである。

◇●□

禁門の変の4日後、朝廷は素早く長州征伐の命令を下し、それを受けた幕府は、西国21藩に出兵の号令をかけた。第1次長州征伐の始まりである。さらに8月5日には、英・米・仏・蘭の4カ国が、連合艦隊で長州に攻撃を仕掛けてきた。前年に長州藩が馬関海峡で外国船を攻撃したことへの報復行動であった。

長州藩は、塾生・赤禰武人を総監とする奇兵隊など諸隊2000人で迎え撃ったが、外国の近代兵器の前に惨敗してしまう（馬関戦争）。寿はじめ杉家の女たちは、長州が欧米の属国になってしまうのではないかと本気で心配した。子供たちはいったいどうなるのだろうかと。この危機を救ったのは、遊学先の英国から急遽帰国した伊藤春輔（博文）と井上聞多（馨）であった。2人は、高杉晋作に従い下関の英国船に赴き、語学力を駆使して停戦交渉を行い、講和を成立させたのである。

「あの調子者だった利助が、外国との停戦交渉をするなんて、世の中も変わったものね」寿が女因み会で、思わずそう口走ると、「ほんとに」という声と笑いが、参加者の間からいくつも起こった（ちなみに伊藤は、利助という名を一旦俊輔に改めたが、士分を得て以降、春輔と表記するようになっていた）。

しかし長州藩は、禁門の変、馬関戦争と立て続けに敗れ、これまで藩の主導権を握っていた正義派が衰え、代わって幕府に恭順しようとする俗論派が台頭。その結果、9月24日には破約攘夷を唱えていた正義派の重鎮・周布政之助が自刃し、井上聞多（馨）も俗論派に襲われ重傷を負った。

実権を握った俗論派の椋梨藤太らは、幕府征長軍への服従を決定する。そして、奇兵隊など諸隊の解散令を発し、また、禁門の変の責任者として福原越後《えちご》、国司信濃《くにししなの》、益田右衛門介《うえもんのすけ》の3家老を切腹させ、その首を差し出すことで、征長軍の総攻撃を回避した。ちなみに益田右衛門介は、明倫館で寅次郎（松陰）に兵学を学んでおり、松陰門下生としてはもっとも身分が高かった。寅次郎より3つ年下で、まだ32歳の若さだった。

ともあれ、これにより、第1次長州征伐は戦闘が行われることなく終息したのであ

高杉晋作立志像〈山口県萩市南古萩町晋作公園内〉

る。その後、俗論派は正義派に対して厳しい弾圧を加えるようになった。高杉晋作は10月にいち早く博多に避難したが、中村道太郎は11月12日に斬首。12月には小田村素太郎の兄・松島剛蔵も処刑された。そして同じ月、素太郎までが野山獄に投獄されたのである。

この時、寿はまさかと思った。寅次郎や玄瑞とは違い温厚な学者肌の夫が、なぜ拘束されねばならないのかと。しかも、投獄したのは同じ長州藩士である。そういえば、以前何かの折に、夫は短冊にこんな和歌を認めたことがあった。

きのふまで　着つつなれにし　旅衣
　せごが残せし　形見ともみよ

その時寿は、縁起でもない、よしてくださいよ、と笑って受け流したが、夫はすでにこういう事態を予測していたのだろう。

獄吏《ごくり》に引かれて家を出る際、素太郎は漢詩を記した色紙を1枚寿に手渡した。

勤倹十年家政労　　勤倹十年家政《かせい》に労し
裁縫紡績幾営為　　裁縫紡績幾営為《いくえいい》
糟糠未報阿卿徳　　糟糠《そうこう》未だ報いず阿卿《あけい》の徳
又向獄中賦別離　　又獄中に向かって別離を賦《ふ》す

10年連れ添った寿に対する細やかな思いやりと謝意。その文面を見て、日頃は気丈な寿も思わず泣き崩れてしまった。

しかし寿は、篤太郎《とくたろう》、久米次郎《くめじろう》の2人の子供を抱える母の身である。嘆いてばかりはいられない。気を取り直した寿は、子供たちの面倒をしっかりみるとともに、たびたび野山獄を訪ねては素太郎と面会し、体の具合を伺ったり、何か必要なものはないか尋ねたりしたのだった。

ある日、面会に行った寿はいつもの質問を夫に投げかけた。すると素太郎は、

「体の具合は大丈夫だが、することが無いというのもまた苦しいものだ」とつぶやいたあと、

「じっとしておっても、髪は伸びるし、爪もこのとおりじゃ」と言って、両手の甲を示してみせ、意味ありげに目くばせした。

寿はすぐに夫の言わんとすることを理解した。獄中は刃物禁制である。夫は獄吏に悟られないよう、何とかならないかと訴えているのだ。寿は家に帰ってから、何かいい方法はないものかと頭を働かせ、ついに妙案を思いついた。次の面会の日、寿は夫のために大きな握り飯を持参した。

獄吏はその握り飯を見て、

「いやにでかいな」と一瞬目に不審の色を浮かべたが、

「これから、厳しい冬を迎えるのですよ。少しでも栄養をつけてもらうのが妻の務めではないですか」と寿がきっとした口調で言うと、獄吏は仕方がないな、というような顔でそれを受け取った。

野山獄から帰宅する道すがら、寿は愉快な気分だった。今頃、夫は大きな握り飯にかぶりついて、カチッと堅いものに感づいている頃だろう。ひょっとしたら、歯を痛めているかもしれない。いや、聡明な夫のことだから、寿の思いを察知して食べる前に中を調べたに違いない。

実は、寿は握り飯の中に小鋏を忍ばせておいたのである。素太郎は、早速その小鋏で爪をつみ、髪を切ったことだろう。そして、他の囚人たちにも貸し与えたに違いない。寿は少しでも夫の役に立てたことがうれしかった。

◇●□

師走に入ると、藩の情勢にも変化が現れた。正義派の巻き返しが始まったのである。博多の勤王歌人・野村望東尼《もとに》の元に避難していた高杉が急遽帰国。元治元年（1864）12月16日、伊藤春輔（博文）ら急進派のメンバー80名とともにクーデターを挙行したのである。

その動きに呼応して、藩内の正義派が続々と決起し、翌元治2年（1865）1月、長州中央部の大田・絵堂で、俗論派と雌雄を決する戦いの火蓋が切って落とされた（大田・絵堂の戦い）。正義派には、多くの松下村塾生が参加。山県狂介（有朋）は奇兵隊を指揮し、品川弥二郎・山田顕義・河北義次郎は御盾隊を、堀真五郎は八幡隊を率いて戦った。高杉晋作は、新たに藩士だけによる干城《かんじょう》隊を結成し、前原一誠、国司仙吉、妻木寿之進、中村雪樹《ゆきき》、楢崎頼三らがそれに加わった。

この長州藩の内戦の動向を、杉家の女たちは息をのんで見守った。特に寿にとって戦いの帰趨は、夫の命に係わるものであった。結局この戦いで正義派は、椋梨藤太ら俗論派を打倒し、再び藩権力を握った。椋梨は津和野で捕えられ、野山獄で処刑された。これまで俗論派を支持していた藩主・敬親父子は、自らの「不明不徳」を先祖の霊に謝罪する事態となった。

塾生たちの大活躍に、寿は快哉を叫びたかった。高杉にも伊藤にも山県にも品川にも、その他命を懸けて戦った塾生すべてに、手を合わせて感謝したい気持ちだった。素太郎が野山獄から釈放されたのは、2月15日のことである。寿は獄舎の前まで篤太郎と久米次郎を連れて夫を迎えに行った。珍しく小雪の舞う寒い日だった。素太郎は、黙って3人のところまで近づくと、獄中生活は2カ月ばかりであったのに、大きくなったなと言って2人の子供をかわるがわる抱き上げた。

たった2カ月とは言え、この間の世の激動ぶりは、夫にとって5年にも10年にも匹敵するものだったかもしれない、と寿は思った。次に素太郎は寿の肩にそっと手を置き、労をねぎらうように笑顔を見せた。

「あっ！」

その時、夫の白い前歯の一部が欠けているのを、寿は素早く見て取った。やっぱり夫は握り飯にかぶりついていたのだ！　寿はこの愛すべき夫に対し、改めて心を込めて微笑みを返したのであった。

四　境戦争《しきょうせんそう》

再び囚われの身となった寿の夫

大田・絵堂の戦いで、正義派は勝利を収めたが、やはり犠牲者なしにはすまされなかった。杉家の親族では、玉木文之進の長男・彦助が戦傷死した。まだ25歳の愛息を亡くした叔父・文之進の悲しみを思うと、寿はいたたまれなかった。

松下村塾生の中でも、奇兵隊の3代目総督で、俗論派との妥協点を探っていた赤禰武人が、幕府に内通した廉《かど》で捕えられ、抗弁も許されず処刑されてしまった。寿は、戦の残酷さ、理不尽さを改めて身に染みて感じさせられたのだった。

慶応元年（1865）3月、長州藩の方針は正義派によって、和平を進めつつ軍備も整えるという「武備恭順」に変更された。この方針に従い、長州藩は来るべき幕府との戦いに備え、行政・軍制改革に取り組んだ。行政改革は、京の芸妓だった恋人・幾松を伴って帰国していた桂小五郎が、軍制改革は、かつて大坂・適塾の塾頭を務め、幕府にも登用されたことのある大村益次郎が担った。

一方、幕府は4月、再度長州征伐を行うことを決定した。5月には将軍・家茂が自ら出馬して大坂城に移るが、孝明天皇はなかなか勅許を出さなかった。そうした中、土佐藩郷士の坂本龍馬らが中心となって、これまで犬猿の仲であった薩摩藩と長州藩を、結び付けようとする動きが出てくる。実はこれには、素太郎が一役買っていた。素太郎は5月14日、太宰府へ移送されていた三条実美ら五卿への使者として同地へ赴いた際、坂本龍馬と会談していたのだ。

太宰府から帰って、素太郎は珍しく寿に仕事の話をした。

「太宰府で面白い男に会った」

「へえ、どのようなお方です?」

「坂本龍馬といってな、土佐藩の脱藩浪人なんだが、長州と薩摩の仲を取り持ちたい、などと申しよった」

「な、なんと。薩摩と言えば、禁門の変で長州を陥れた憎き敵ではありませんか。玄瑞さんは薩摩に殺されたようなものですよ」

女因み会での勉強会により、薩摩・会津は長州にとって不倶戴天《ふぐたいてん》の仇として、杉家の女たちの頭の中に刷り込まれていた。

「それは、そうなんだが、彼の考えでいけば、共通の目標のために手を結べる者同士ということになる」

「共通の目標って？」

「それはな……討幕じゃ」

「まあ、恐ろしい」素太郎の言葉に寿は胆が冷やされるような気がした。また、戦が始まるのだろうかと。

「いやあ、今宵の私は口が滑りすぎるようじゃ。この話はお主だからこそ申したのだ。口外は罷りならんぞ」素太郎はそう釘を刺した。

◇●□

この頃、幕府は長州藩に伏罪使を出すようにという命を出していたが、それに一向に従おうとしない同藩にやきもきしていた。そうした中、素太郎は、藩の重役・井原《いばら》主計《かずえ》、宍戸《ししど》備後助《びんごのすけ》（璣《たまき》）に随行して、幕府と折衝するため広島へ出張した。慶応元年（1865）10月初旬のことである。幕府は、大目付・永井尚志《なおゆき》による7時間に及ぶ厳しい尋問を行ったが、素太郎らは幕府の意に沿うような回答を与えなかった。

一方、桂小五郎と品川弥二郎は、薩長同盟に向けた連絡調整に奔走し、伊藤春輔

幕府軍が小倉口戦の基地とした小倉城〈福岡県北九州市小倉北区城内〉

（博文）と井上聞多（馨）は長崎へ赴き、薩摩藩名義で銃7000丁を買い付け、さらに薩摩まで足を延ばして、大久保利通らと、薩摩と長州の和解について話し合った。ちなみに、桂小五郎はこの年の9月、名前を木戸孝允《たかよし》に改めている。

その結果、慶応2年（1866）1月、西郷隆盛と木戸孝允により、軍事同盟である薩長同盟が京都で締結された。その中で、薩摩藩は幕府の長州征伐に対して、長州藩を支援するとしたのだった。

幕府は、長州に処分を申し渡すため、老中・小笠原長行《ながみち》を広島に派遣した。長州側は、藩主の名代として、再び宍戸と素太郎を出向かせることにした。素太郎らは、第2次長州征伐が回避できるか否かの重要な任務を担わされたのである。

「どうぞ、御無事でお帰りください」

素太郎の出張に際し、寿はこれまで以上に危機感を募らせていた。

「む、家のこと、子供たちのことは頼んだぞ」

「また、戦が始まるのですか」

「そうだなあ、できるだけ避けたいとは思っておるが」

「でも、今度は天下の徳川幕府が相手なのでしょう？　果たして勝ち目はあるのですか？」

「まあ、薩摩がこちらの味方に付いてくれたから、その点は心強いのだが」

「もし、交渉が決裂したら、あなたはどうなるのですか。まさか……」

「心配するな。よしんば命を奪われるようなことがあっても、それで国が良くなるなら、私は本望じゃ」

「そんな、大兄（松陰）のようなことを言わないでください。あなたには子供がいるのですよ。篤太郎と久米次郎のためにも、絶対に無事に帰ると約束してください」

母親としての立場が、寿の口調を険しくさせたようだった。

「はは、お前には敵わんな。わかった、無事帰ると約束するよ」

そう言って素太郎は、自らを力づけるような笑みを見せたが、ほどなく彼の約束を危くする事態が発生する。

素太郎が出発してひと月ほど経った頃、幕府側が宍戸・小田村の両名に不審なところがあるとして、広島藩内において拘禁したという知らせが届いたのである。素太郎が拘束されるのは、野山獄に続いて二度目であった。

「ほんとにどれだけ心配させたら気が済むのよ」と寿は独りごちた。

◇●□

第2次長州征伐が始まったのは、それから1月後のことであった。戦いに臨む両軍の態勢は、長州藩は十分に時間をかけて軍備を整えており、逆に幕府の征長軍は大坂での長逗留で厭戦《えんせん》気分が蔓延《まんえん》していたうえ、頼みの薩摩藩は参戦していなかった。

慶応2年（1866）6月7日、周防大島に幕府の軍艦が砲撃を仕掛けたことで、戦いの火蓋は切って落とされた。寿は獄中の素太郎の安否が気になって仕方がなかった。素太郎は、いわば幕府への人身御供《ひとみごくう》である。戦いの状況によっては、いつ首を斬られてもおかしくないと思えたのである。

その後、芸州口、小倉口、石州口、石見国で激戦が繰り広げられ、長州側には今回も大勢の塾生が参加した。高杉晋作、時山直八、山県狂介（有朋）は大島口と小倉口、堀真五郎、前原一誠は小倉口、大村益次郎、滝弥太郎、杉孫七郎は石州口、山田顕義、井上聞多（馨）、河北義次郎、野村和作（靖）、横山幾太、妻木寿之進、楢崎頼三、松本鼎は芸州口で、それぞれ激しい戦闘に身を投じた。

坂本龍馬は、亀山社中（のちの海兵隊）を介して長州が導入した軍艦オリオン号に乗って、高杉晋作の軍の援護に当たった。これら塾生たちの活躍により、長州側が有利に戦いを進める中、素太郎の身に予想外のことが起こった。

6月25日、幕府は、長州藩との停戦を周旋させる目的で、拘禁中の宍戸と素太郎を釈放したのである。帰藩した素太郎は藩政府に幕府の意向を伝えるが、協議の末、長州はその策に乗らなかった。そのまま、素太郎は芸州口の戦場に滞陣した。

素太郎釈放の知らせを受けた時、寿は2人の子供たちと一緒に、家の中で声を張り上げ手をつないで踊り合った。約束を守ってくれた素太郎を称えるすべが、他に思い浮かばなかったのである。

7月20日、大坂城で将軍・家茂が21歳の若さで逝去する。将軍の死により、幕府側は戦争の続行が困難となり、9月2日に休戦協定が結ばれ、幕府の征長軍は撤退した。天下の幕府軍が、一小藩である長州藩の軍に敗れ去ったのである。休戦協定締結に当たって、幕府側は勝海舟を派遣し、長州側は広沢真臣《さねおみ》と井上聞多（馨）らが出て宮島で交渉した。

ただ、戦勝の立役者の1人・高杉晋作は戦いのさ中に結核が悪化し、戦線を離脱、慶応3年（1867）4月13日、下関新地において29年の生涯を閉じた。これで「松下村塾の四天王」と呼ばれた吉田栄太郎（稔麿）、久坂玄瑞、入江杉蔵（九一）、高杉晋作の4名は、明治維新を待たずにすべて世を去ったのである。

10年前、玄瑞とともに文の花婿候補でもあった高杉。文はどっちにころんでも早晩未亡人になる運命だったのか、と寿は文のことが改めて不憫に思えたのだった。

秀次郎《ひでじろう》

文の亡夫・玄瑞に隠し子が

幕府は、第2次長州征伐に敗れたことで、その権威を大きく失墜させた。慶応2年（1866）12月25日、長州藩を嫌っていた孝明天皇が突如崩御すると、薩長はじめ勤王を標榜する諸藩は、討幕に向けた動きを活発化させていく。その結果、翌慶応3年（1867）10月14日、第15代将軍・徳川慶喜は大政奉還を朝廷に願い出、12月9日には王政復古の大号令が発せられて、260年余り続いた江戸幕府は終わりを告げた。

この年の9月、小田村素太郎は藩命により「楫取素彦《かとりもとひこ》」に改名した。素彦は12月初め、諸隊参謀として兵を率いて入京し、朝廷から藩主父子及び支藩主の復位を認められた。当時、京都の町は「ええじゃないか」と囃《はや》し踊る群衆で大騒ぎになっていた。

誰の仕業か天照皇大神宮の御札があちこちに降り、それをきっかけに「ええじゃないか」の合言葉が生まれ、各家はお神酒や鏡餅を備えて皇大神宮を祀り、街角では、医者と言わず僧侶と言わず老若男女が踊り狂ったと言われる。

素彦からの手紙でそれを知った寿は、持ち前の好奇心を働かせて、自分も是非その場に乗り込んで、踊りに興じてみたいものだと思ったが、素彦の顰蹙《ひんしゅく》を買うのは必至とみて、彼への返信にその気持ちを綴ることは見合わせたのだった。

さて、幕府制度は廃止されたものの、薩長の強硬派は、武力によって慶喜を葬り去ることを画策していた。年が明けた慶応4年（1868）1月3日、薩摩藩の挑発に慶喜が乗り、新政府軍と旧幕府軍との間で、戊辰《ぼしん》戦争の先駆けとなる「鳥羽・伏見の戦い」が始まった。この戦いで長州藩は、伏見街道守備隊を形成し、総督を毛利内匠、指揮官兼参謀を松下村塾生の山田顕義《あきよし》が務めた。

数の上では旧幕府軍が優勢であったが、新政府軍に錦旗が下されると、一気に士気が下がり大坂へ撤退、慶喜は海路江戸へと逃げ帰り上野寛永寺に引きこもってしまった。後を任された勝海舟と新政府軍の西郷隆盛が会談して江戸城は無血開城される。

その後、戦いの舞台は東へと移り、北陸、関東、東北、函館での戦いを経て、新政府軍が完全勝利を得たのであった。この間、山県有朋、品川弥二郎、時山直八、前原一誠、山田顕義、山根老中、松本鼎らの塾生が新政府軍に従軍し、このうち時山は、越後朝日山の戦いで、壮絶な死を遂げた。

◇●□

その頃素彦は、木戸孝允、広沢真臣、井上馨、伊藤博文とともに太政官制の「徴士参与職」に就き、禁中に勤務した。しかし、藩主・敬親は信頼する素彦の新政府への出向を認めず、素彦は10月に奥番頭として山口へ帰国した。翌明治2年（1869）12月、山口藩では脱藩兵2千人が暴動を起こしたため、諸隊に人望のある素彦は、三田尻管事を兼務してその鎮圧に当たった。

そんな素彦が多忙を極めた時期のこと。疲れ切った体で帰宅した素彦を、寿はいつものようにやさしく出迎えた。

「あなた、食事にします？　それともお風呂にします？」

素彦はそれには答えずに、話があるので奥の間に来るように告げた。

寿はドキッとした。また、素彦が危険な任務を命じられてきたのではないかという疑念が胸をよぎったのである。

「じつはな」

素彦はもったいぶった言い方をした。

「何です？」寿は、どんなことを言われても取り乱さないよう自分に言い聞かせた。

しかし、素彦の口から出た言葉は意外なものだった。

「文さんに関係のあることなんだが」

「文に？」

「単刀直入に言うが、玄瑞殿に隠し子がおったようなのだ」

「えっ！」寿は唖然とした。素彦の命に係わるような問題ではなかったが、これはこれで大変な問題だった。

「隠し子って……」

「秀次郎といって、6歳になる男の子だ」

「そんな、何かの間違いじゃないんですか」

寿はまだ信じられない気がした。

「それがな、私も一度その子に会ったのだが、もう玄瑞殿に生き写しなんだ。あれなら、誰もが玄瑞殿の子と納得せざるを得ないだろう」

「それで、母親は誰なんですか？」

「それはだな……」

「知っているなら教えてください」

寿は、玄瑞を誘惑したであろう女の素性が知りたかった。

「京都島原の置屋・桔梗《ききょう》屋の辰路《たつじ》という芸妓のようだ」

「やっぱり」寿は思わずそうつぶやいた。思い当たることが無いではなかったのだ。

あれは、文久2、3年頃だったろうか。京を舞台に諸藩志士による尊攘運動が活発化し、長州では玄瑞をはじめ多くの塾生たちが、その中に身を投じていた。祇園や先斗町など京都の花街は、尊攘、佐幕を問わず志士たちの密議の場所となった。密議の合間の芸舞妓との語らいは、日頃命を賭けて活動している若い志士たちにとって、至福の時間だったろう。恋が芽生えるのは自明の理であった。

帰国した塾生の誰かが口にしたのであろう、そうした話が噂となって、寿の耳にも入っていた。ある時、京から帰ったばかりの伊藤利助（博文）を捕まえて、寿は詰問したことがあった。

「ちょっと、利助。聞くところによると、京都の花街で結構遊んでるらしいじゃないの」

「寿様、とんでもない。誰がそんなことを」

「みんな言ってるわよ。利助はすけこましだって」

「そんな、めっそうもない。ただ、会津の連中や新選組に聞かれてはまずい話を、そういう所でやってるだけですよ。仕事、仕事ですよ」

「へー、私たちに聞かれたらまずいようなこともやってるんじゃないの」

「だから違いますって」

「まあ、あんたはいいわ。根っからの助兵衛だから。ところで玄瑞さんもそういう所へ出入りしてるの？」

寿は、文の気持ちを考えていた。文と玄瑞はまだ新婚だった。もし、玄瑞がよそに女をつくっていたとしたら、余りにも文が可哀相だった。

「えっ」と言って、伊藤は顔色を変えたように見えた。

「そ、そりゃ、久坂（玄瑞）さんだって、仕事上花街には行かれますよ。でも、久坂さんは文さんにぞっこんだし、ほかの女に手をだすなんてことは金輪際ないと思います」

「ほんとに？」

寿は、利助の顔を覗き込みながら、この男は何か隠していると直感した。

「いいか利助。玄瑞さんが文を裏切るようなことがあったら、あんたを絶対許さないからね。そのつもりでおいで」

「そんな。そんなことは久坂さんに直に言ってくださいよ」

「うるさい。文句を言うな」

辰路も出入りした京都島原のもと揚屋・角屋〈京都府京都市下京区西新屋敷揚屋町〉

素彦の話に驚きながらも、寿はふと、そんな過去の光景を思い出したのであった。

◇●□

「それで、その秀次郎とやらが今頃になってなぜ、名乗りを上げたのですか？」

寿はまずその経緯が知りたかった。

「うむ。辰路は秀次郎を生んでから別の家へ嫁いだようだ。で、秀次郎は伝手を頼って、徳佐村の玄瑞殿の縁者に預けられ、育ててもらっていたらしい。その縁者が、何とかならないかと藩のある者を通じて私に泣きついてきたのだ」

「そうでしたか。で、どうするおつもりなんです？」

「久坂玄瑞といえば松陰門下第一の高弟だ。その実子とあれば、放ってはおけない。ここは、久坂家の籍に入れるほかなかろう」

寿は、はっとした。久坂家には自分と素彦の二男である久米次郎が養子に入っているのである。すぐにこう聞き返した。

「久坂家に入籍するって、では久米次郎はどうなるのですか？」

「久米次郎は、うちへ復籍することになるな」

「そんな。久米次郎ももう12。久坂家の跡取りとして自覚もできてきております」

「そうは言っても仕方あるまい。いずれ篤太郎に小田村家を、久米次郎に楫取家を継がせようとは思っておる」

「でも、大人の都合でころころ籍が変わるのは、あの子があまりに可哀相です」

「武家に生まれたからには、こうしたことはままある。別に命を取られる訳ではないのだから、辛抱させるしかない。それより、私が心配しているのは……」

「何ですか？」

「文さんのことだ」

「ああ」寿は改めて思い至った。確かに文にとっては余りにも残酷な話である。

「そこでだ。この話を文さんに伝えて、籍変えのことを納得させてもらえないだろうか」

「いやよ！　何で私がそんな役回りを」

寿には、玄瑞を信頼しきっていた文に、彼の浮気を伝える勇気など毛頭なかった。

「頼めるのはお前しかいない」

「いや、絶対にいや。自信もないし」

「もし、頼まれてくれたら」

「何よ」

「お前が、真宗に信心することを認めよう」

「ふー」

寿は、大きなため息をつきながら、夫を見返した。実はこの頃、寿は仏教に関心を持ち、真宗に帰依しようとしていたのだ。幕末動乱の中で兄や従弟をはじめ親戚、知人を亡くし、傷ついた心を癒すために何かすがるものが欲しかったのと、同様の悩みを持つ多くの人々を救いたいという思いもあってのことである。

しかし、実際主義者的だった素彦は、寿が真宗に帰依することにあまりいい印象を持っていなかった。今回素彦はそこを突いてきたのである。もっとも、のちに素彦が群馬県令になった時、当地は関西に比べ信仰心に乏しく、人心も荒れがちであったことから、彼は寿の協力を得ながら仏教普及の事業を手掛けることになるので、このドサクサの交換条件も意味があったということだろう。

ちなみに寅次郎（松陰）も、仏教には批判的であった。野山獄の寅次郎に千代が観音の御饌米《ごせんまい》を送って来たところ、彼は返書の中で千代の心遣いに感謝しつつも、観音信仰の迷信性を指摘している（彼は、日本は神国であるから神道によるべきと考えていた）。

さて、寿から一部始終を聞いた文は、やはり泣き崩れてしまった。一部始終と言っても、寿はすべてを語ったわけではない。素彦から聞かされた、玄瑞が禁門の変の直前に島原に辰路を訪ねたこと、その時辰路は留守だったが、帰ってからそのことを聞いた彼女は、裸足で玄瑞の乗った駕籠を追いかけたこと、玄瑞が辰路に出した手紙に「その後もお前様の事のみおもひ続け候」と認めてあったことなどはさすがに伝えられなかった。特に手紙の文面などは、文宛ての手紙にはついぞ見られない艶っぽさだったから。

「寿姉さん、私の結婚生活って、いったい何だったのでしょうね。久坂が私に送ってくれた手紙の、優しさのこもった、と思っていた中身はすべて偽りだったんだわ」

「文、それは違うと思う。玄瑞さんがあなたを想っていたのは間違いないことよ」

「では、どうしてよそに子供まで」

「毎日が切った張ったの生活だったのだもの、きっと魔が差したのよ」

そう言いながら、寿はまったく慰めの言葉になっていないことに自分でも気づいていた。しかし、やがて文は観念したように、泣き笑いの状態でこう言った。

「大兄（松陰）が言ってたように、もののふの妻となった以上、こうしたことも覚悟しなければならないのよね」

兄《あに》の生《い》き方《かた》

長兄・梅太郎を応援する千代

戊辰戦争に勝利した明治新政府は、東京奠都《てんと》（正式には遷都ではなく、新たな都の造営とされた）を断行し、明治2年（1869）6月17日には、土地人民を朝廷に返上するという版籍奉還を実施、これにより旧藩主は知藩事に任命された。

さらに7月、政府は二官六省制という制度改革を行う。太政官の上に神祇官を置き、その元に民部・大蔵・兵部・刑部・宮内・外務の六省を設けた。最高執行機関である太政官は、左・右大臣、大納言、参議からなり、参議には副島種臣《そえじまたねおみ》、大久保利通、広沢真臣とともに松下村塾生の前原一誠が名を連ねた。ちなみに山県有朋は、この年渡欧して兵制を学び、暗殺された大村益次郎の跡を継いで兵部省に入り、徴兵制の導入など陸軍の近代化を推進した。

省のうち最も力を持ったのは大蔵省で、佐賀藩出身の大隈重信が大輔《たゆう》（次官）として指導力を発揮したが、配下の官僚として長州の伊藤博文、井上馨らが活躍、実力者・木戸孝允がそれをバックアップした。一方、苛酷な税徴収に藩財政は逼迫し、地方制度改革を望む声も上がり始めた。

明治4年（1871）7月14日、右大臣・三条実美は、皇居大広間に集められた在京中の知藩事56名に対し、万民を保全し諸外国に対抗するため、藩を廃して県を置く旨の勅語を読み上げた。いわゆる廃藩置県である。これにより、旧藩主である知藩事はすべて免官されたのであった。

この政変劇は、長州の野村靖、山県有朋、井上馨らが具体化し、木戸孝允、大久保利通、西郷隆盛ら実力者の了解を得て挙行された、薩長藩閥による主導権維持のための制度改革でもあったのである。

同年11月12日には、右大臣・岩倉具視を全権とし、参議・木戸孝允、大蔵卿・大久保利通、工部大輔・伊藤博文らを副使、山田顕義らを理事官とする100名を超える使節団が、横浜港から欧米へ向けて出発した。塾生では野村靖も参加している。目的は諸外国との条約改正の予備交渉と、先進国の文化・思想・制度等を視察するためであった。版籍奉還や廃藩置県を達成し、内政は一段落していたが、政府首脳が一度に国を空けることに一部には批判もあったようだ。一行は、サンフランシスコに到着後アメリカに8か月滞在し、その後大西洋を渡りヨーロッパ諸国を歴訪した。

◇●□

百合之助が病で亡くなったのは、正義派と俗論派が火花を散らして戦っていた慶応元年（1865）8月29日のことであった。62歳だった。臨終に際し、百合之助は瀧にこう言い残している。

「寅次郎（松陰）は斬罪になったが、その精神は朝廷で必ず御覧いただけるだろう。わしは、けっして悲しみもしなければ寅次郎を哀れとも思わない。我が家の子孫は十分先祖の気風を継いで、お国のために勉強しなければならない」

今や、日本は寅次郎の教え子たちが、新国家の建設に向けて大活躍している。百合之助が健在ならどんなに喜んだことだろう。もう少し長生きしてくれていれば……そう思うと千代は今も目に涙が浮かぶのだった。

千代は、百合之助が亡くなって以降、努めて杉家を訪れるようにしていた。一つには瀧の寂しさを慮《おもんぱか》ってのことで、文がいるにしろ、昔話の付き合いをするには、やはり自分のほうが適任であるに違いなかった。

そしてもう一つ、兄嫁の亀が家事・育児に忙しくしており、少しは彼女の労力軽減に役立てば、という思いもあった。亀は梅太郎との間に3男4女を生み、うち1男2女は早世していた。千代自身も2男3女の子持ちであったが、だいぶ手もかからなくなり、何より気難しかった舅の太兵衛が亡くなって、家を出やすくなったことが大きかった。

さらに瀧だけでなく、梅太郎にとっても千代は格好の話し相手であった。二女の寿は、夫・素彦の足柄県七等出仕に従って、萩を離れていたので、寅次郎亡きあと、年の近い千代は一番心やすい兄弟だったのだ。

梅太郎は廃藩置県後、山口県の職員（権典事）になっていた。梅太郎と素彦は同い年ということもあって大変仲が良く、素彦が足柄県へ移ったのちも、しょっちゅう手紙のやりとりをしていた。その内容を、梅太郎は千代によく話してくれた。

「素彦殿も寿も子供たちも、皆元気にしておるようだ」

「それは何よりで」

「じつは、素彦殿がさかんに国への任官を進めてくれておっての。井上大蔵《おおくら》大輔《たゆう》にも働きかけてくれているらしい」

「井上大蔵大輔って、あの伊藤君と仲の良かった井上聞多君？」

「そうだ、今や政府で一番力のある大蔵省の幹部だ」

東京奠都により皇居となった江戸城跡〈東京都千代田区〉

「へえ、あの可愛らしかった井上君がねえ。世の中変わったものね。でもいい話じゃないですか。前にも素彦さん言ってたもの。梅兄はこんな田舎でくすぶっている人間じゃないって」

「しかしな、そう簡単にはいかん。母様のこともあるし」

「母様のことなら、私と文で何とかお世話しますよ。ほかにも躊躇する理由が何かあるのですか？」

「いや、玉木叔父がどう思われるか、と考えてね」

「叔父様が反対されるというのですか」

親戚思いの文之進が、何故梅太郎の出世に反対するのか、千代は理解しかねた。

「うむ。玉木叔父は生粋の尊王攘夷派だったゆえ、政府の欧米寄り路線を面白くは思っておられないようなのだ」

「そうなのですか。でも梅兄の人生なのですから、誰が何と言おうと自分でいいと思った道を進まれるのがよろしいんじゃないですか」

千代はおこがましいとは思いながらもそう忠告した。梅太郎の半生をそばで見てきて、長男の立場上仕方がない面はあったにしろ、余りにも周りに配慮しすぎ、そのために自分を殺してきたように感じられたからだ。

◇●□

梅太郎は、苦笑いしただけで何も答えなかったが、自分でも肯定せざるを得ない面があったのだろう。ところが、その後梅太郎の身に予想外の不幸が訪れる。明治6年（1873）12月20日、梅太郎の妻・亀が42歳の若さで病没したのだ。4人の子供が残された。

梅太郎は落胆し、国への出仕の話も滞ってしまう。この時も千代は梅太郎の相談に乗り、励ましの言葉を掛け続けたのだった。しかし、亀の死から半年も経たないうちに、千代は梅太郎から思わぬことを告げられた。

「千代、お前に相談、いや報告がある」

「何でしょうか。改まって」

「じつは、後添えをもらう話があっての」

「後添えって、誰が？」

「わしが、じゃ」

梅太郎は体裁悪そうに答えた。

千代は少なからず驚いた。梅太郎は杉家の長男であるし、まだ手のかかる子供もいることだから、いずれ後添えをもらうことになろうとは思っていたが、余りにも時期尚早のように感じたのだ。

「で、お相手は？　私の知ってる方ですか？」

「ああ」と言ったまま、梅太郎は口をもぐもぐさせている。

「ど、な、た、ですか？」

千代の強い口調に、梅太郎はどもりながら、

「そ、その、幸さんなんだ」と答えた。

「幸って、亀さんの妹さんの」

「そうだ」

「そうだって、随分と年が違うじゃないですか」

梅太郎は47歳、幸は確か24歳である。当時47歳といえば、すでに初老。しかも死別とはいえバツイチである。千代は、幸がよく承知したものだなと思った。

「母様にこれ以上、負担をかける訳にいかんしな」

弁解じみた言い方をしながら、梅太郎はまんざらでもない表情だった。その顔をみて、千代ははっとした。ひょっとして、梅太郎は初めて自分に正直に行動しているのではないかと。そう思うと千代は、再婚を決意した梅太郎が無性にほほえましく感じ

られるのだった。

「梅兄さん、おめでとう。でも、ますます精進しないとね」

千代は皮肉を込めて言ったが、梅太郎にどこまで伝わったかは不明であった。

萩《はぎ》の乱《らん》

叔父・文之進の最期をみとった千代

梅太郎が再婚した翌年の明治8年（1875）、今度は千代が不幸に見舞われた。30年余り連れ添った夫・祐之が死去したのだ。千代は文字どおり打ちのめされた。舅・姑を見送り、子供もようやく手が掛らなくなり、いよいよこれから夫婦でゆったりした暮らしができると思っていた矢先の出来事であった。

今度は、梅太郎が千代を慰めてくれた。梅太郎には、後妻・幸との間に静子という女の子が生まれていた。梅太郎にとっては8人目の子供であった。千代は44歳で未亡人になったが、男の梅太郎とは違って、以後再婚することはなかった。

22歳で夫を亡くした文でさえ、独り身を通していた。本人たちも再婚など思いもよらなかったし、実際そんな話もほとんど持ち上がらなかった。なぜなら、女は二夫にまみえず、というのが武家の女の常識と教えられていたからである。

その翌年の明治9年（1876）は、杉家にとっておぞましい年になった。3月に最初の不幸が杉家を見舞った。三男・敏三郎が32歳の若さで病死したのである。寅次郎や梅太郎に劣らぬ知能を持ちながら、障害があったために世に出ることはなかったが、温厚な性格で家族を和ませ、その性格どおりの穏やかな生涯を送った。弟の早世に、姉たちは皆涙を流した。特に年の近かった寿と文は、人目をはばからず泣きじゃくった。

ただ千代は、取り乱さない瀧のほうがかえって心配だった。瀧は3男4女を生んだが、これまでに3女・艶を3歳で亡くし、二男・寅次郎を刑場に失っていた。瀧はもう古希を超え、頼りにしていた夫・百合之助ももはやこの世にいない。そんな瀧にとって、敏三郎を見送った悲しみが、どれほど耐えがたいものであるか、千代にも容易に想像できたのである。

だがしかし、このあと更なる悲劇が、杉家の人々を待ち受けていた。

明治6年（1873）9月13日、岩倉使節団が2年ぶりに帰国するが、その時、国内は征韓論に揺れていた。征韓論とは、留守政府を預かる西郷隆盛、板垣退助、江藤新平、後藤象二郎、副島種臣らによって提唱された、武力によって朝鮮を開国させようとする政略であった。

帰国した岩倉具視、大久保利通、木戸孝允らは、時期尚早としてこれに反対し、最終的には明治天皇への上奏により征韓論は退けられた。この結果、西郷、板垣、江藤、後藤、副島が一斉に辞職するという事件が起こる（明治六年の政変）。留守政府は、岩倉使節団の帰国まで重大な改革は行わないという約束をしていたが、それが反故にされたことに対する岩倉らの反発が事件の背景にあったと言われる。

ともあれ、これにより全国的に士族の不満が高まり、各地で暴発の恐れが生じてきた。明治7年（1874）2月、征韓論で下野した参議の1人、江藤新平が佐賀県で不平士族とともに蜂起する。だが、1月後政府軍に鎮圧され、江藤は斬首刑となった。その後も不穏な状況は続き、明治9年（1876）10月、熊本県で「神風連の乱」が、さらに福岡県で「秋月の乱」が起こる。そして、それに呼応するように、山口県萩でも反乱が勃発したのだ。いわゆる「萩の乱」である。

◇●□

実はこの乱の2カ月ほど前、千代はその予兆のような話を耳にしていた。熊谷県令になっていた素彦が珍しく帰郷し、杉家の者らと団欒の場を持った時のことである。

千代がたまたま1人台所で食事の準備をしていると、突然素彦が顔を見せ、ちょっと奥の間に来てほしいと言うので、千代は何の用だろうと思いつつ素彦に従って奥の間へ行くと、そこで彼から意外なことを聞かされたのである。

「折り入って、千代姉の御耳に入れておきたいことがありましてな」

「何でしょうか」

素彦が、寿を介さずに直接自分に用件を伝えることなど、これまでついぞなかったことであった。

「昨今、あちこちで不平士族による乱が起こっておるのは、姉様も御存じでしょう」

「それは存じておりますが、それが何か」

「実は、この山口にも不穏な動きがあるのです」

「えっ、本当ですか？」

「前原あたりが踊らされているようです」

「前原さんって、あの塾生の？」

「そうです」

「でも、前原さんは、馬関戦争や四境戦争、戊辰戦争で大活躍され、政府の参議にもなられたのではありませんか」

「そうです。そこまではよかったんだが、その後政府の方針に異議を唱え、職を辞して山口に帰っておるのです。今はぶらぶらしているのですが、何せ松陰門下生の『名前』がありますから、不平勢力に担ぎ上げられたようなのです」

「思わぬことがあるものですね」

「ほんとに、世の中何が起こるかわからない。一寸先は闇ですよ」

素彦は薄く諦め笑いを浮かべた。

「何故その話を私に？」

「いや、この件に絡んで心配なことがありまして……」

「と言いますと？」

「梅太郎兄が最近、前原と接触しているきらいがあるのです」

千代ははっとした。そう言えば、梅太郎が数か月前に前原と酒を飲んだ、と言っていたのを思い出したのだ。その時はまったく気にもかけなかったが、梅太郎は前原の企てに加担しているのだろうか。いや、そんなことは考えられない。

「梅兄は今や5人の子持ちですよ。無謀なことをするとは思えません」

千代は、梅太郎が関わっている可能性を取りあえず否定した。

「私が思うに玉木叔父の影響が強いのだと思います。しかし、もはや時代は大きく動いています。玉木叔父に意識改革を強いるのはもはや難しいでしょう。でも梅太郎兄はまだ将来のある身です。私は梅兄の仕官について、いろいろ運動しているのですが、不平士族と関わっていることが露見すれば、仕官の話は飛んでしまいます」

素彦は、確証を持っている風な口ぶりである。

「私から、直接話すとかえって刺激するかもしれないので、千代姉がそれとなく変な行動をとらないよう、気を配っていただけたらと思いまして」

「私だって、梅兄に意見するようなことは……」

「いや、もう千代姉にお願いするしかないのです」

素彦は懇願するように言った。

千代は憂鬱になった。とても、こんな難しい役回りは自分には無理だと思った。しかし、梅太郎の将来がつぶれるのを看過するのも心苦しかった。

◇●□

後日、千代はダメもとの精神で梅太郎にこんなことを言ってみた。

「梅兄、このところ母様、だいぶ弱られたと思いませんか」

実際、瀧は肥満が進んで、歩行困難な状態に陥っていた。

萩の乱で反乱軍の拠点となった藩校明倫館の遺構・有備館〈山口県萩市江向〉

「そうじゃな、敏三郎の死がよほど応えたのだろう、歩くのもおぼつかなくなってきたようだ」

「でも、母様は梅兄にいつも感謝しておいでですよ。自分の出世を投げ打ってまで孝行してくれたって」

「どうして、今そんなことをいう」

「ねえ梅兄、これからも孝行しましょうね、私と文といっしょに。決して母様を悲しませないようにしましょうね」

千代は気持ちを込めて言った。梅太郎はこちらを訝《いぶか》しげに見返しながら、何かを感じたように千代には思えた。

さて、10月26日に始まった萩の乱は、前原一誠や奥平謙輔《けんすけ》らが主導し、不平士族200名が参加したが、わずか1週間で政府軍に鎮圧された。千代の「忠告」が利いたのか、幸い梅太郎は反乱軍に加わってはいなかった。

ところが、驚いたことに梅太郎の長男・小太郎と長女・豊子の夫・玉木正誼《まさよし》、二女・瀧子の夫・杉相次郎が反乱軍に参加し、小太郎と正誼は討ち死にしたのである。梅太郎の落ち込みようは甚だしかった。彼が自らの実子、養子の行動とどのように関係したのか、千代にははっきりとは分からなかった。

ただ乱後、千代はできるだけ杉家へ足を運んでは、梅太郎の様子に注意を払った。梅太郎が自ら死を選ばないか、心配であったのだ。杉家へ出向いたある日の夕刻、千代は玄関口を横切る人影を見た。彼女は急に胸騒ぎを覚えた。梅太郎が変な気を起こしたのではないか、との思いが頭をよぎったのである。

外は細かい雨が降っていた。千代は急いでその人影を追った。近くまでゆくと、意外にも人影は、叔父・文之進のものであった。文之進は独り団子岩の方へ向かっていたが、その後ろ姿は、なぜか千代に声を掛けられるのを拒否しているように見えた。文之進は団子岩にある先祖の墓の前まで来ると、座り込んで何かを祈るような仕草をした。それを千代は樹木の陰から伺っていたが、どうも様子がおかしい。

と次の瞬間、文之進はうめき声を上げながら、前へうつぶせに倒れた。千代は、思わず「叔父様！」と叫んで飛び出した。その気配に気づいた文之進が振り返った。

「来るな千代、武士のけじめじゃ、全うさせてくれ」

そう言う文之進の目には、得も言われぬ悲しい色がにじみ出ていた。千代は叔父のこの目を以前にも何処かで見たような気がした。そうだ、昔寅次郎に体罰を加えようとした文之進に、幼い自分がやめてと言って飛びかかった時、彼が見せた目と同じだと千代は思った。そうして、そこから1歩も動けなくなってしまったのである。

12月3日、萩の乱の関係者の判決があり、前原と奥平は即日斬首刑に処された。文之進は、主宰する松下村塾の塾生が、多数この騒動に関わったため、教育者としての責任から、先祖の墓の前で切腹した、とされた。千代は、それは違うと感じたが、誰にもその考えを伝えることはしなかった。

梅太郎は11月28日、免職処分により山口県の職員を辞めた。49歳だった。梅太郎はこの後隠居同然の生活に入ったが、明治11年（1878）には、寅次郎（松陰）が幽閉処分となって以降約20年間閉塾状態だった松下村塾を再興している。玉木文之進が興し、久保五郎左衛門を経て吉田松陰に引き継がれ、多くの逸材を輩出した同塾を蘇らすことこそ、人生最後の仕事と梅太郎は考えたのかもしれない。松下村塾は、明治25年（1892）まで存続した。

再婚《さいこん》

寿の死後、義兄・素彦に嫁ぐ文

萩の乱の混乱が収まり、杉家もようやく落ち着きを取り戻した頃、また一つ、一家に心配事が持ち上がった。楫取素彦に嫁いでいた二女・寿の健康が、このところすぐれないのだ。素彦は、足柄県参事から熊谷県参事に転任後、熊谷県令に任ぜられ、明治9年（1876）8月、熊谷県が群馬県に名称変更されるに伴って群馬県令となった。今で言う群馬県知事である。住まいは足柄県時代の小田原から前橋に移り、もちろん寿もそれに同行していた。

寿の体調不良は、明治3年頃に風邪をこじらしたのが始まりだったが、その後の病状を見る限り、何か重篤な病に冒されていることは、美和《みわ》（文）の目にも明らかだった。激しい胸痛に悩まされ、明治10年頃には、手足に障害が出て起居もままならない状態になった。

その頃、寿の二男・久米次郎（道明）夫妻が、東京麹町に居を構えていたので、寿はそこへ移って療養に努めた。外国人医師によるエレキ治療をだいぶ受けたようだが、効果は余り芳しいものではなかった。明治10年（１８７７）４月23日、久米次郎の長男で、寿にとっては初孫に当たる榛太郎が生まれ、彼女の気分も幾分上向いたようだが、それも一時的なものでしかなかった。

美和は、寿の看病と素彦の身の回りの世話をするため、明治8年頃から関東までたびたび足を運んでいた。久坂の死後、文の名を美和と改め、一時は藩公幼君・毛利元昭（毛利元徳の長男）の養育を仰せつかって、城内に起居したこともあったが、今はまた杉家に身を寄せていた。そんな独り身の美和が、杉家では一番動きやすい立場だったのである。

それに、かって親子の縁組をした久米次郎一家が東京にいるというのも、関東に不案内な美和には心強いことであった。しかし、久米次郎の長男・榛太郎が生まれた翌年に病死する。それがまた、寿の病状をさらに悪化させてしまったようだった。

久々に寿の病床を見舞った美和に、寿は弱々しく礼を言った。

「美和、これまでいろいろお世話になったねえ」

「何を弱気なことを言ってるんですか。寿姉さんらしくもない。しっかりしてください」

「私、あなたにずっと謝らなければと思ってました」

「何ですか。改まって」

「久米次郎のこと、玄瑞さんともどもあれだけ可愛がってくれていたのに、あなたから取り上げてしまって。こたび、榛太郎を亡くして、あなたの辛さに改めて思いが至りました」

「いいのよ、寿姉さん。あの時私一人で久米次郎を育てることなど、とてもできやしなかったもの。久米次郎にとっても良かったことだと思っています」

「そう言ってくれると少しは気が休まるけれど」

「もうその話はやめましょう。済んだことですから」

「そうかい。それじゃもう一つ、私の願いを聞いてくれないかね」

「何ですか、いったい。難しい話はだめですよ」と冗談っぽく言いながら、美和は今の寿の願いなら何でも聞いてあげようと思った。

「ねえ美和、私が死んだあと、楫取の面倒を見てやってくれないかなぁ」

それが、素彦の後添えの話だと気づくと、美和はこう言ってたしなめた。

「何を言うんです。寿姉さんはまだそんなに元気じゃないですか。第一、義兄さんは寿姉さんにぞっこんですよ。わたし、ここへ来るようになって、つくづくそう感じるようになりました。誰も寿姉さんの代わりなんて務まらないと思います」

それは、偽らざる美和の正直な気持であった。

「まあ、あの人が私にぞっこんなのはそうかもしれないけど……」

「はい、はい、ごちそうさま」

「でもね、あの人には県令という立場があるから、夫人がどうしても必要なのよ。ほっといても周りの誰かが勧めてくれた相手と再婚することになるわ。もし、性格のよくない女が宛がわれでもしたら、楫取が可哀相でしょう。その点、あなたなら、気心が知れているし安心ですもの」

「そんな、寿姉さん。気心が知れているのと、結婚とは別だと思いますけど」

「でも、この話はあなたのためを思ってのことでもあるのよ。楫取は真面目で誠実だし、そこそこ出世もしたし、年の差は気になるかもしれないけど、夫にするにはもってこいの男だと思うわ」

「ともかく、もうそんな縁起でも無い話をするのはやめにしてください」

そう言って、美和は逃げるように寿の病床から離れたのだった。

◇
●
□

それから、半年ほどした明治14年（1881）1月30日、寿は世を去った。まだ、43歳の若さだった。母・瀧にとっては、艶、寅次郎（松陰）、敏三郎に続き4度目の逆縁であった。寿が予想していたとおり、寿が死んで半年もしないうちから、素彦の再婚話がいくつも持ち上がり始めた。しかし、そのことごとくを素彦は、まだその気にならないという理由で断っているようだった。

翌明治15年（1882）には、千代の長男・児玉萬吉が28歳の若さで病没した。美和は、つくづく人の命のはかなさを思った。彼女は茫然自失の千代に付き添い、葬儀万端において手伝いを惜しまなかった。ちなみに萬吉の死後、千代の末子・庫三が吉田家を継いで東京へ移住したため、千代は庫三宅の隣に居を構え、後半生を東京で過ごすことになった。

萬吉の初七日を終えたある日、美和は梅太郎に呼ばれた。

「萬吉の葬儀では、いろいろ手伝いをしてやってくれてご苦労であったな。児玉家でも感謝しておったぞ」

「そんなことは。それより、千代姉さんが1日も早く立ち直ってくださることを願うばかりです」

「まあ、それにはしばらく時間がかかるだろう。今後ともせいぜい話をしに行ってやってくれ」

「分かりました」

「実は今日呼んだのは、そのことではなくて、お前の身の上に関することだ」

「何でしょうか」と聞き返しながら、美和にはピンとくるものがあった。

「単刀直入に言うが、楫取の所へ嫁いではもらえぬか。もちろん、楫取もそれを望んでおる」梅太郎の用件は、美和の直感どおりだった。

「そんな、この年で再婚なんて、めっそうもありません」

「いや、お前はまだ若い。母様が敏三郎を生んだのも、今のお前の年頃だった」

「私はできれば、このままこの家で母様のおそばにいとうございます」

「でもな、母様もお年だ。いつまでも達者でおられるわけではない。母様がいなくなられてからのことも考えないとな」

「梅兄、それ、小姑は邪魔だという風に聞こえますけど。まあ、ひどい」

「そ、そうじゃない。お前も家にこもるんじゃなくて、ちゃんとした主人の令室として、お役目を果たしたらどうか、と申しておるのだ。これは母様の意向でもある。楫取はその点申し分のない男だ。群馬県令夫人として彼を支えてやってはくれぬか。それとも楫取は嫌いか？」

「嫌いだなんてそんなこと。ただ、これまで義兄としてお仕えしていた方と、いきなり結婚せよと言われても。簡単に頭を切り替えられるほど、私は器用な人間ではありません」

「それは、最初は気まずいこともあるかもしれんが、でも、親戚同士の結婚は、何というか価値観が近いというか、意外にうまくいくことが多いもんだぞ。私と幸だって……」

「そりゃ、幸さんは梅兄より2回りも若いんですもの。梅兄にはいいことばかりでしょうよ」

「いやいや、そういうことじゃなくて……。ひょっとしてお前、まだ玄瑞殿のことを？」

風向きが悪くなりそうなのを避けるように、梅太郎は話の流れを変えてきた。

「久坂のことはもういいんです。あんな、よそに子供なんかつくるような人。でも、私たち杉家の女は皆、大兄（松陰）から『女誡』に出てくる、再婚を迫られた未亡人が前夫に操を立てるために首を吊ったという話を持ち出されて、女は二夫に交えず、とさんざん吹き込まれてきたのですよ。今になって、義兄と再婚せよなんて、都合がよすぎるんじゃないですか」美和は一気にまくしたてた。

群馬県令時代、楫取素彦が振興に寄与した富岡製糸場〈群馬県富岡市富岡〉
〈提供：富岡市・富岡製糸場〉

「まあそう怒るな、時代も変わってきているからな。欧米では男女平等思想が普及しているそうだ。我々も頭を切り替えていく必要があるのかもしれぬ」

そんな梅太郎の返答に、美和は大きく溜息を付くばかりであった。

◇　●　□

結局美和は、圧倒的な周りの勧めに押し流される形で、楫取と再婚することになった。一方の素彦は、美和の決断に大いに感謝した。

「美和さん、よく決心してくださいましたね」

「まあ、親戚一同に外堀を埋められてしまいましたからね。でも義兄さん、いや、あなたは、まだ寿姉のことが忘れられないのでしょう。誰かが言ってましたよ。再婚の相手と結婚するなら、死に別れより生き別れがいいって。死に別れは、前妻のいいところをいつまでも引きずることになるからって」

「そういう意味じゃ、美和さんだって死に別れですよね」

「まあ、そうですけどね。久坂のことは自分でもどう考えたらいいのか、よく分からないんです。よそに女をつくって、子供まで生ませていた訳でしょう。裏切られたという思いが、やっぱり……」

「でも、玄瑞殿は美和さんのことをほんとに気にかけていましたよ。明日の命も分からぬ危険な任務を負う中で、やはりあなたのことが心の支えだったんだと思います。それは信じてあげてください」

「島原の芸妓とは遊びだったと」

「いや、そうとも言えません。玄瑞殿は、そんな使い分けができるような人間ではなかった。誰に対しても惜しみなく愛を与えるような人だった」

「随分、正直なのですね。男の人は、同時に複数の女性を愛せると」

「私のような無粋な男にはよくわかりませんがね」

その言葉を聞いて美和は思わず苦笑いした。

「何がおかしいのです？」

「いいえ、生前寿姉が話していたことを思い出したんです」

「何と？」

「楫取の一番の取柄は、絶対に浮気する心配がないことですって」

「参ったなあ、まったく。でも、玄瑞殿の気持ちは、ほんとはあなたが一番分かっているんじゃないですか」

「えっ？」

「だって、今も玄瑞殿からの手紙を後生大事に保管されているでしょう？」

「梅兄がしゃべったのですね。あれは、もう焼き捨てるつもりでおりますから」

「そんな、2人の大切な思い出の品じゃないですか。私のことなら気にしなくても大丈夫ですよ。ねえ、美和さん。あなたも私も人生経験を積んだ大人です。寿や玄瑞殿のことをお互い胸にしまい込んだ上で、一緒に新しい道を歩んでいきませんか。私は、あなたとならそれができそうな気がするんです」

美和は、まじまじと素彦の顔を見た。こんなにまっすぐ彼の顔を見たのは初めてだった。そしてこの男となら、あるいは同じ道を歩いて行けるかもしれない、という仄かに明るい予感が湧き上がってくるのを感じたのだった。

美和が楫取の籍に入ったのは、明治16年（1883）5月3日のことであった。美和39歳、素彦は55歳だった。素彦は、美和が持参した玄瑞との手紙を製本し、それに『涙袖帖《るいしゅうちょう》』という表題を付けた。

◇●□

美和と再婚した翌年、素彦は群馬県令を辞任し、元老院議官に任ぜられた。その3年後男爵に叙せられ、6年後には貴族院議員に当選している。この間、美和は陰日向に夫人として素彦をよく支えた。人望の篤かった素彦は、晩年まで仕事を続け、明治30年（1897）には69歳にして、明治天皇の第14子・貞宮の御養育主任の重職を仰せつかっている。

素彦が貴族院議員になった明治23年（1890）の8月9日、母・瀧が84歳で亡くなった。吉田松陰の実母であり、松下村塾の塾生たちの心の母でもあった瀧の葬儀は、しめやかなうちにも盛大に行われた。

その年までに、伊藤博文が初代の、山県有朋が第3代の内閣総理大臣に就任していた。また、イギリスの文豪スティーブンソンが二男・寅次郎（松陰）の伝記『YOSIDA・TORAJIRO』を英雑誌に投稿し、その苦闘と冒険に満ちた生涯が海外にも紹介された。これは、外国人教師を招聘するため渡英した塾生・正木退蔵が、恩師・寅次郎についてスティーブンソンに語ったことがきっかけになったものである。

こうしたことから、昭憲皇太后（明治天皇の皇后）は瀧の、女としての功績を多とし、品川弥二郎を通じて、瀧本人に仁愛の籠った品を下賜されたのだった。幾多の不幸に見舞われた瀧の人生であったが、最後は報われたのではないかと、葬儀の席で美和は兄弟たちと語り合った。

明治42年（1909）10月26日、韓国統監を辞任し枢密院議長に就任していた伊藤博文が、ハルビン駅頭で朝鮮の独立運動家・安重根によって暗殺された。このニュースを聞いた時、美和の心は遠く幕末・維新の時代へと誘われた。危険な任務を担わされた多くの塾生たちが、度重なる戦で若い命を散らしていった。自分の最初の夫・久坂玄瑞もそうであった。

その中にあって、新政府のトップまで上り詰めた伊藤や山県は、何という強運の持ち主だろうと思っていた。本人の実力もさることながら、何か目に見えないものの力に守られているような気がしたのだ。仮に50年前、玄瑞ではなしに伊藤や山県のもとに嫁がされていたなら、自分の人生はまったく違ったものになったはずである。苦難の多い人生であったが、しかし美和には、そっちのほうがよかったとは想像すらできなかった。

美和の瞼の裏に、兄・寅次郎（松陰）に師事した多くの青年たちの笑い顔が去来した。久坂玄瑞、高杉晋作、吉田栄太郎（稔麿）、入江杉蔵（九一）、赤禰武人、寺島忠三郎、松浦亀太郎（松洞）、瀧弥太郎、杉山松助、時山直八、前原一誠……志半ばで命を落とした彼らが、伊藤、山県に比べて、人間性や能力に遜色があったとはとても思えない。分かれ道は、運を引き寄せる力の差ではなかったのか。しかし、伊藤は齢

68にして凶弾に倒れた。2回組閣した山県も、このところは国民の不人気をかこっている。美和は、人間の運命というものは最後の最後まで分からないものだと、今更ながらに思い知ったのだった。

その翌年の11月11日、長兄・梅太郎が84歳で世を去った。母・瀧と同じ享年で、この時代としては大往生と言えるだろう。2年後の明治45年（1912）7月30日、明治天皇が崩御、激動の明治は終わった。楫取素彦が死去したのは、その半月後の8月14日だった。地味ながらも、幕末・維新に大きな役割を果たした中身の濃い人生だった。その後半生を共に歩めたことを美和は幸せに思った。

同年9月13日、元陸軍大将・乃木希典《まれすけ》が夫人とともに殉死する。弟・正誼《まさよし》が玉木文之進の養子に入り（正誼は、のちに梅太郎の長女・豊子と結婚し萩の乱で戦死）、自らも文之進に師事していた希典の死を、美和は他人事とは思えなかった。しかし、彼らの死によって文字どおり、日本は新しい世を迎えるのだろうと美和は感じてもいた。

美和が79歳で世を去るのは、それから9年後の大正10年（1921）9月7日である。長姉・千代はさらに寿命を保ち、大正13年（1924）2月1日、93歳で黄泉路の客となった。

「杉家の女たち」関連年表

1804（文化1）	松陰の父・杉百合之助生まれる（10月23日）
1807（文化4）	百合之助（4）の弟・大助生まれる
1810（文化7）	百合之助（7）の弟・文之進生まれる
1812（文化9）	大助（6）、山鹿流兵学師範の家系・吉田家の養子となる
1813（文化10）	杉家の家屋（川島の里）、大火で焼失（3月16日）
1820（文政3）	文之進（11）、親戚に当たる玉木家の養子となる（6月）
1824（文政7）	百合之助（21）の父・七兵衛病没
1825（文政8）	百合之助（22）、松本村団子岩の山荘（樹々亭）を購入
1826（文政9）	百合之助（23）、村田右中の五女・瀧（21）と結婚（12月）
1828（文政11）	百合之助（25）と瀧（23）の長男・梅太郎（民治）生まれる（1月15日）
1830（天保1）	百合之助（27）と瀧（25）の二男・松陰（虎之助）生まれる（8月4日）
1832（天保3）	百合之助（29）と瀧（27）の長女・千代生まれる。この頃、百合之助の母・岸田氏の妹が、舅と1児とともに杉家に同居
1834（天保5）	松陰（5）、吉田家の仮養子となり、文之進（25）が松陰の訓育に当たる
1835（天保6）	吉田大助（29）病没（4月3日）。松陰（6）、吉田家の家督を相続（6月20日）
1837（天保8）	文之進（28）、国司仙吉の叔母・辰子（16）と結婚
1838（天保9）	松陰（9）、初めて藩校・明倫館に家学教授見習いとして出仕（11月）
1839（天保10）	松陰（10）、明倫館で講義を行う（11月）。百合之助（36）と瀧（34）の二女・寿生まれる

１８４０（天保11）	松陰（11）、初めて藩主・毛利敬親の前で兵書『武教全書』を講義
１８４１（天保12）	百合之助（38）と瀧（36）の三女・艶生まれる（1月7日）
１８４２（天保13）	文之進（33）、自宅で松下村塾を開く（8月）
１８４３（天保14）	百合之助（40）、百人中間頭兼盗賊改方に任ぜられる（9月）。千代（13）を伴い城下、江向の片野又兵衛の宅表に住む。艶（3）死去（9月24日）。百合之助の母・岸田氏死去（9月27日）。文之進（34）が仕官のため、松陰（14）の養母方の叔父・久保五郎左衛門（40）が松下村塾を継ぐ（久保塾）（10月）。百合之助と瀧（38）の四女・文生まれる
１８４４（弘化１）	松陰（15）、藩主敬親の前で再び『武教全書』を講義。さらに『孫子』の虚実編の講義も行い、七書直解の賞与を賜る（9月7日）。梅太郎（18）、藩校・明倫館に入り、続いて郡奉行加勢暫役となる
１８４５（弘化２）	百合之助（42）と瀧（40）の三男・敏三郎生まれる（10月6日）
１８４７（弘化４）	千代（16）、児玉祐之と結婚
１８４８（嘉永１）	杉家一家、清水口の高洲宅に同居する（初夏）
１８４９（嘉永２）	松陰（20）、高須宅で子弟の教育に当たる（1月）。梅太郎（23）、明倫館面着方、さらに郡奉行所勤務となる（春）。松陰、藩命により長門の海岸防備状況を視察（6月）
１８５０（嘉永３）	松陰（21）、九州遊学（8月23日～12月29日）
１８５１（嘉永４）	松陰（22）、藩主に従い兵学研究のため江戸遊学出発（3月5日）。宮部鼎蔵、江幡五郎と藩許を得ずに東北諸国遊歴（12月14日～１８５２年4月5日）
１８５２（嘉永５）	松陰（23）、亡命の罪（東北遊歴）で士籍剥奪も、10年間の諸国遊学が許される（12月9日）

1853（嘉永6）	松陰（24）、遊学のため萩出発（1月26日）。浦賀でペリー率いる米艦隊を視察（6月4日〜）。寿（15）、楫取素彦（小田村伊之助）（25）と結婚（8月15日）。松陰、長崎に来泊中の露艦搭乗を計画するも失敗（10月27日）。杉家、小新道の新宅へ転居
1854（安政1）	松陰（25）、金子重之助とともに米艦で密航未遂（3月27日）。江戸伝馬町獄に拘置（4月15日）。断罪の結果、父・百合之助の元で蟄居申付けとなる（9月18日）。野山獄に入獄（金子は岩倉獄）（10月24日）。千代（23）の長男・萬吉生まれる。寿（16）の長男・篤太郎生まれる（8月25日）
1855（安政2）	金子重之助、岩倉獄で死亡（1月11日）。松陰（26）、野山獄から出され、杉家東隅の三畳半に蟄居（12月15日）
1856（安政3）	松陰（27）、松下村塾を引き受ける（9月4日）
1857（安政4）	松陰（28）、松下村塾を増築（7月〜11月5日）。文（15）、久坂玄瑞（18）と結婚（12月5日）
1858（安政5）	久坂玄瑞（18）、藩命により京都、江戸で政治活動（2月〜）。寿（20）の次男・久米次郎生まれる（5月27日）。松陰（28）、老中・間部詮勝を京都で要撃する計画を立て、同志17名と血盟誓約（11月6日）。再び杉家の三畳半に幽閉処分（11月29日）。さらに野山獄へ再投獄（12月26日）。
1859（安政6）	松陰（29）、獄中で絶食（1月24日）も、瀧らの手紙による説得で取りやめる。幕府命により江戸への監送決定（5月14日）。獄司・福川犀之助の取り計らいで一旦実家へ帰る（5月24日）。伝馬町の刑場で処刑。桂小五郎、伊藤博文が小塚原回向院に遺骸を埋葬（10月27日）
1860（万延1）	松陰の百日祭が杉家で行われ、久坂玄瑞（21）ら門下生が集まる。松陰の前髪が団子岩の墓地に埋められる（2月7日）

1861（文久1）	長井雅楽の唱えた「航海遠略策」が長州藩の藩論となる（3月）
1862（文久2）	周布政之助の主張する「破約攘夷」に藩論が変更される（7月6日）。久坂玄瑞（23）、高杉晋作らと英国公使館焼打ちを決行（12月12日）
1863（文久3）	長州藩、英・仏・蘭の外国船砲撃（5月10日）。高杉晋作、奇兵隊を結成（6月7日）。「八・一八の政変」で長州藩、御所の警備から外される（8月18日）
1864（元治1）	寿（26）の二男・久米次郎（7）、久坂家の養子となる（9月22日）。「池田屋事件」で吉田稔麿、宮部鼎蔵ら殺害される（6月5日）。久坂玄瑞（25）、「禁門の変」で自刃（7月19日）。文（21）は杉家へ身を寄せ、養子・久米次郎は小田村家へ引き取られる。幕府、第1次征長令を発する（7月23日）。俗論派が長州藩の主導権を握り、周布政之助自刃（9月25日）。楫取素彦（36）、俗論派により野山獄に投獄される（12月）
1865（慶応1）	高杉晋作挙兵、大田・絵堂の戦い起こる（1月6日）。文之進（56）の長男・彦助（25）戦傷死（1月21日）。正義派の勝利により、長州藩の藩論が「武備恭順」に変更される（2月2日）。楫取素彦（37）、野山獄から出される（2月15日）。五卿幽閉先の太宰府で、薩長同盟に向け坂本龍馬と会談（5月24日）。百合之助（62）逝去（8月29日）
1966（慶応2）	木戸孝允と西郷隆盛、京都で薩長同盟締結（1月21日）。第2次長州征伐（四境戦争）始まる（6月7日）。楫取素彦（38）、広島へ幕府との折衝に赴き拘禁される（4月9日）。高杉晋作らの活躍で、長州藩が幕府に勝利し宮島で休戦協定締結（9月2日）
1867（慶応3）	大政奉還（10月14日）。王政復古の大号令（12月9日）
1868（慶応4）	戊辰戦争の緒戦「鳥羽・伏見の戦い」始まる（1月3日）。江戸無血開城（3月13日）。
1869（明治2）	戊辰戦争終結（5月18日）。版籍奉還（6月17日）。久坂玄瑞と島原の芸妓・辰路との子、秀次郎（6）が久坂家の籍に入る（11月17日）。楫取素彦（41）、山口藩脱退藩士鎮圧（12月）

1870（明治3）	楫取素彦（42）、山口藩権大参事に就任（2月）
1871（明治4）	廃藩置県（7月14日）。梅太郎（44）、廃藩置県後に山口県権典事となる。岩倉使節団欧米へ出発（11月12日）
1872（明治5）	楫取素彦（44）、足柄県七等出仕（1月23日）
1873（明治6）	梅太郎（46）の妻・亀（42）病没（12月20日）。岩倉使節団帰国（9月13日）、征韓論の西郷隆盛ら下野（明治六年の政変）
1874（明治7）	梅太郎（47）、先妻亀子の妹・幸（24）と再婚。2人の間に静子生まれる
1875（明治8）	千代（44）の夫・児玉祐之死去（3月8日）
1876（明治9）	敏三郎（32）死去（2月1日）。楫取素彦（48）、群馬県令に就任（4月4日）。「萩の乱」勃発（10月26日）、梅太郎（49）の長男・小太郎（19）（11月1日）、梅太郎の長女・豊子（22）の夫・玉木誠誼（24）（10月31日）が反乱軍に加わり戦死。文之進（67）、先祖の墓前で自刃（11月6日）。梅太郎（48）、山口県職員を辞職。英国の文豪スティーブンソンが松陰の伝記『YOSIDA－TORAJIRO』を英雑誌に寄稿
1877（明治10）	寿（39）、病気のため東京の二男・久米次郎（道明）（20）宅で療養
1880（明治13）	梅太郎（57）、松下村塾を再興
1881（明治14）	寿（43）死去（1月30日）

1882（明治15）	千代（51）の長男・萬吉（28）病没。二男・庫三（20）が吉田家を相続し、千代とともに東京へ転居
1883（明治16）	美和（文）（41）、楫取素彦（55）と再婚（5月3日）
1884（明治17）	楫取素彦（56）、群馬県令を辞任（3月30日）、元老院議官に就任（7月30日）
1885（明治18）	伊藤博文、初代内閣総理大臣となる（12月22日）
1890（明治23）	瀧（84）死去（8月29日）。楫取素彦（62）、貴族院議員に当選
1892（明治25）	松下村塾、閉塾
1897（明治30）	楫取素彦（69）、明治天皇の第14子・貞宮御養育主任となる
1909（明治42）	伊藤博文（68）、ハルビンで暗殺される（10月26日）
1910（明治43）	梅太郎（84）死去（11月11日）
1912（大正1）	明治天皇崩御（7月30日）。楫取素彦（84）死去（8月14日）。乃木希典自刃（9月13日）
1921（大正10）	美和（文）（79）死去（9月7日）
1924（大正13）	千代（93）死去（2月1日）

「杉家の女たち」関連地図

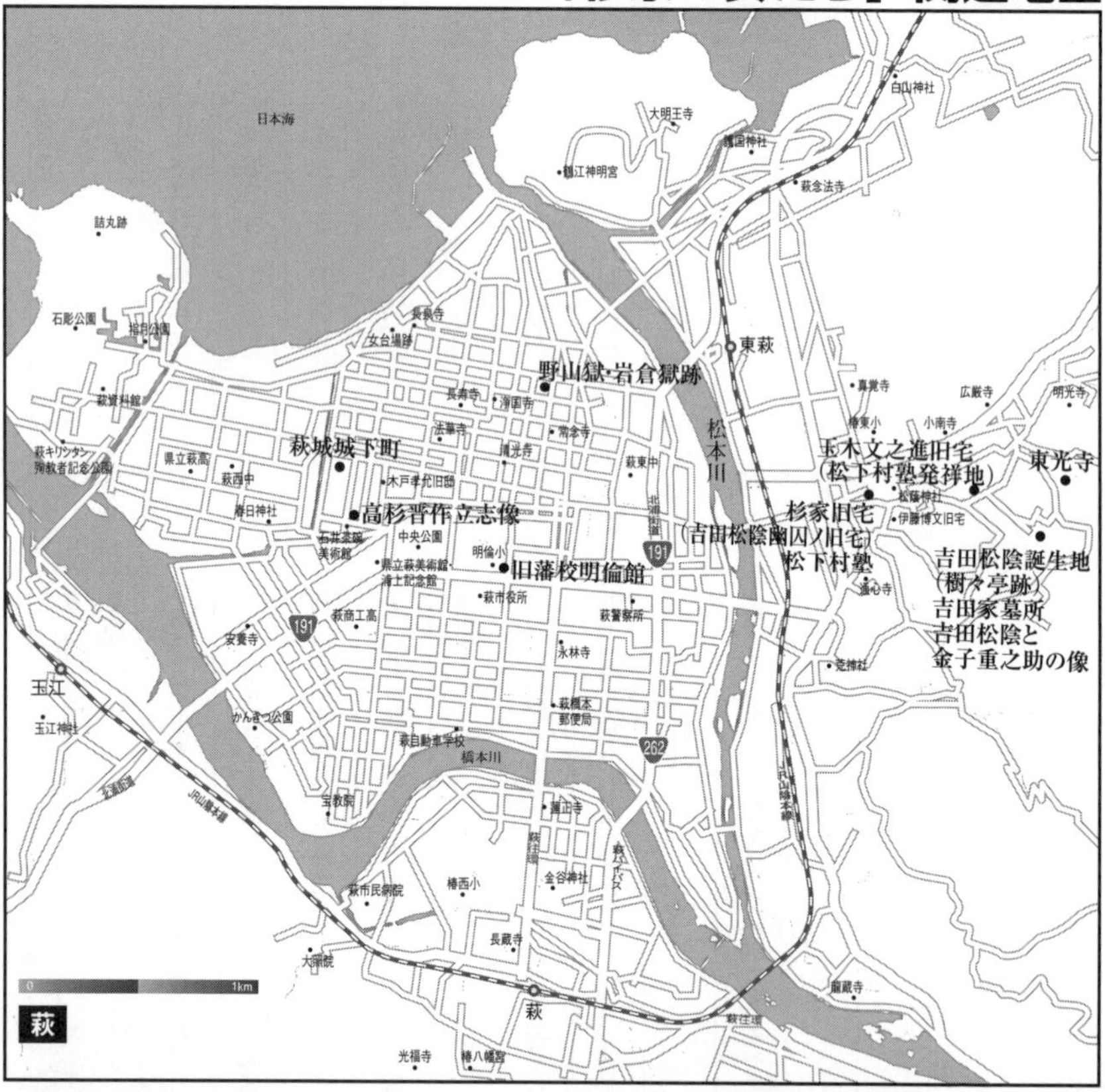
萩
日本海
大明王寺
白山神社
護国神社
鶴江神明宮
萩念法寺
詰丸跡
石彫公園
指月公園
女台場跡
野山獄・岩倉獄跡
東萩
松本川
海潮寺
法華寺
常念寺
清光寺
萩城城下町
県立萩高
萩西中
春日神社
木戸孝允旧宅
高杉晋作立志像
中央公園
明倫小
旧藩校明倫館
県立萩美術館・浦上記念館
萩市役所
萩商工高
安養寺
萩警察所
永林寺
萩橋本郵便局
萩東中
萩キリシタン殉教者記念公園
かんきつ公園
萩自動車学校
橋本川
萩市民病院
椿西小
金谷神社
長蔵寺
大照院
光福寺
椿八幡宮
龍蔵寺
萩往還
玉江
玉江神社
JR山陰本線
北浦街道
191
262
真覚寺
広厳寺
小南寺
椿東小
玉木文之進旧宅
（松下村塾発祥地）
東光寺
松陰神社
伊藤博文旧宅
杉家旧宅
（吉田松陰幽囚ノ旧宅）
松下村塾
吉田松陰誕生地
（樹々亭跡）
吉田家墓所
吉田松陰と
金子重之助の像
1km

群馬（富岡）
上州富岡
上信電鉄線
富岡市役所
龍光寺
永心寺
富岡諏訪神社
富岡小
西上州やまびこ街道
254
群馬富岡
公共職業安定所
群馬富岡
簡易裁判所
富岡ひばり
保育園
富岡製糸場
富岡郵便局
蓮照寺
富岡東高
200m

東京
飯田橋
水道橋
JR中央本線
御茶ノ水
秋葉原
浅草橋
両国
国技館
九段下
神保町
新御茶ノ水
岩本町
伝馬町刑場跡
（十思公園）
竹橋
神田
小伝馬町
半蔵門
20
皇居
大手町
二重橋前
東京
日本橋
水天宮前
永田町
桜田門
日比谷公園
日比谷
八丁堀
霞ケ関
長州上屋敷
（江戸桜田
藩邸）跡
銀座
東銀座
虎ノ門
佐久間象山塾跡
越中島
新橋
築地市場
1
汐留
御成門
JR山手線
麻布十番
増上寺
赤羽橋
芝公園
浜松町
1km

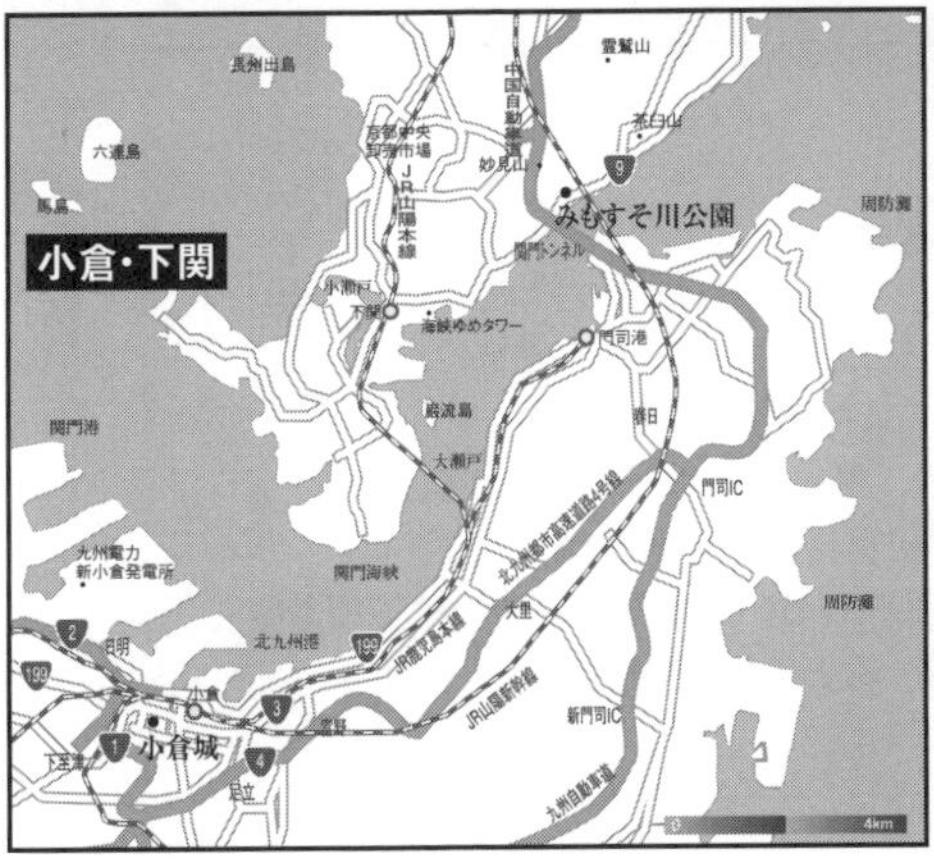

主な参考文献

「吉田松陰著作選　留魂録・幽囚録・回顧録」
奈良本辰也著　講談社　2013

「吉田松陰の母」 福本義亮著　　マツノ書店　2014

「涙袖帖　久坂玄瑞とその妻」 伊賀上茂著　　マツノ書店　2014

「男爵　楫取素彦の生涯」
楫取素彦顕彰会編集　公益財団法人毛利報公会　2012

「時代を拓いた師弟　吉田松陰の志」 一坂太郎著　第三文明社　2009

「吉田松陰に学ぶ　現代に語りかける叡智」
海原徹著　ミネルバ書房　2010

「幕末京都史跡大事典」 石田孝喜著　新人物往来社　2009

「松風の人　吉田松陰とその門下」 津本陽著　潮出版社　2008

「吉田松陰（1）（2）」 山岡荘八著　講談社　1987

「小説　伊藤博文　幕末青春児」 童門冬二著　集英社　2004

著者プロフィール

鳥越一朗（とりごえ・いちろう）

作家。京都市生まれ。
京都府立嵯峨野高校を経て京都大学農学部卒業。
主に京都を題材にした小説、歴史紀行などを手掛ける。
「絶対絶対めげない男　黒田官兵衛の行動原理」、
「電車告知人」、「京都大正ロマン館」、「麗しの愛宕山鉄道鋼索線」、
「平安京のメリークリスマス」など著書多数。

杉家の女たち
～吉田松陰の母と３人の妹～

定　価	カバーに表示してあります
発行日	2015年1月5日
著　者	鳥越一朗
イラスト	萩原タケオ
写真協力	富岡市・富岡製糸場ほか
デザイン	岩崎宏
編集・製作補助	ユニプラン編集部 鈴木正貴　橋本豪
発行人	橋本良郎
発行所	株式会社ユニプラン 〒604-8127 京都府京都市中京区堺町通蛸薬師下ル 谷堺町ビル1F TEL075-251-0125 FAX075-251-0128
振替口座	01030-3-23387
印刷所	為國印刷株式会社

ISBN978-4-89704-339-5　C0021